《我们深圳》文丛

首部全面记录深圳人文的非虚构图文丛书

《我们深圳》丛书，

因“我们”而起，为“深圳”而生。

这是一套“故园家底”丛书。

这是一套“城市英雄”丛书。

这是一套“蓝天绿地”丛书。

这是一套“都市精灵”丛书。

《我们深圳》，是你的！

大万世居

围屋里的乡愁

曾观来/著

我们深圳

深圳报业集团出版社

HAKKA HOUSE

大万世居围屋前的半月形水塘（又称月池），浩阔潋滟（文靖 摄）

大万世居俗称大万围，历史上行政区划名称为大万村。“世居”是世代有人居住较大的围屋的通称。图为大万世居第八世孙、本书作者曾观来回故乡探望（文靖 摄）

大万世居祠堂一进天井。大万世居第八世孙、本书作者曾观来回故里拍摄留念（文靖 摄）

大万世居门楼石匾，欧体榜书，阳刻（文靖 摄）

俯瞰大万世居（孙奕天 摄）

聖風習習歸三省
德雨綿綿披萬春

祠堂一进天井之北厢（俗称北厅）。旧时60岁以上的人去世后，用竹篾和彩色纸做成灵屋放置在两厢里（男灵屋放南厢，女灵屋放北厢，男左女右），满一个月“脱孝”，灵屋即火化（文靖 摄）

大万世居门楼一角（文靖 摄）

西北边民居一角（围屋外向里拍）（文靖 摄）

北二街（文靖 摄）

北边靠围墙旧民居，待修葺（文靖 摄）

旧时女子出嫁时坐的花轿，由两个轿夫抬。本书作者曾观来的姐姐嫁坳子头要过石河，堂姐嫁马栏头要爬山，轿夫尽喊冤枉。新娘出门在轿上要唱哭嫁歌，弟弟要跟轿一段路，花轿短暂歇息，姐弟告别，然后上路（文靖 摄）

民居绘画（文靖 摄）

祠堂后中楼前的宝斗心天街一侧门楼雕饰，栩栩如生（文靖 摄）

大万世居石窗造型独特（文靖 摄）

祠堂门灰塑牌匾（文靖 摄）

旧时较有钱人家的客厅一角（文靖 摄）

大万世居门柱彩绘栩栩如生，色泽鲜艳（文靖 摄）

034

总序

《我们深圳》?

是的。我们，而且深圳。

所谓“我们”，就是深圳人：长居深圳的人，暂居深圳的人，曾经在深圳生活的人，准备来深圳闯荡的人；是所有关注、关心、关爱深圳的人。

所谓“深圳”，就是我们脚下、眼前、心中的城市：是深圳市，也是深圳经济特区；是撤关以前的关内外，也是撤关以后的大特区；是1978年以来的改革热土，也是特区建立之前的南国边陲；是现实的深圳，也是过去的深圳、未来的深圳。

《我们深圳》丛书，因“我们”而起，为“深圳”而生。

这是一套“故园家底”丛书，它会告诉我们：深圳从哪里来，到哪里去，路边有何独特风景，地下有何文化遗存。我们曾经唱过什么歌，跳过什么舞，点过什么灯，吃过什么饭，住过什么房，做过什么梦……

这是一套“城市英雄”丛书，它将一一呈现：在深圳，为深圳，谁曾经披荆斩棘，谁曾经独立潮头，谁曾经大刀阔斧，谁曾经侠胆柔情，谁曾经出生入死，谁曾经隐姓埋名……

这是一套“蓝天绿地”丛书，它将带领我们遨游深圳天空，观测南来北往的鸟，领略聚散不定的云，呼叫千姿百态的花与树，触碰神出鬼没的兽与虫。当然，还要去海底寻珊瑚，去古村采异草，去离岛逗灵猴，去深巷听传奇……

这是一套“都市精灵”丛书，它会把美好引来，把未来引来。科技的、设计的、建筑的、文化的、创意的、艺术的……这座城市，已经并且正在创造如此之多的奇迹与快乐，我们将召唤它们，吟诵它们，编织它们，期待它们次第登场，一一重现。

这套书，是都市的，是时代的。

是注重图文的，是讲究品质的。

是故事的，是好读的，是可爱的，是美妙的。

是用来激活记忆的，是拿来珍藏岁月的。

《我们深圳》，是你的！

胡洪侠

2016年9月4日

自序

“吾自故乡来，深知梓里事。”我对故乡的每一街巷，每一角落，一水一土，一草一木，了如指掌。日月轮回，后来游子来了去，去了来，几多乡愁，几多眷恋，凝聚了厚厚的积淀。它就是深圳坪山大万世居，一座偌大的客家围屋。

余自少时起就喜欢听长者讲述村里的故事。1950年代起，对围屋的几副对联萌生兴趣，此后间或拾其点滴以积累。1970年代，有村人问及那块大石匾上“勿替引之”四个字是什么意思，我答不出来。那人说：“大学生都不知道！”我只好含羞。1984年，大万世居被列为深圳市重点文物保护单位，新闻报道见诸报端渐多，均为片段，浮光掠影，且时有纰误。村里长老曾铜对我说：有北京学者来参观，问其“勿替引之”是什么意思，学者说，待回去研究，以后不了了之。而我便颇有些投入，耆老口碑，族谱遗墨，旁征博引，爬格著文。1994年我在《广东史志》发表《走近大万世居》，2003年在《深圳晚报》发表《话说大万世居》，编者说是迄今为止见过关于大万世居最全面的一篇文章。2008年在《大万曾氏重修族谱》中对世居文物民俗等作了初步的分门别类的阐述，由中国文史出版社出版，至2014年几度收入个人文集公开出版问世。

2017年，我收看了中央电视台录制的大型系列纪录片《记住乡愁》受到莫大的启迪：展现历史文化街区风貌，唤醒逐渐消失的记忆……于是带着照相机回故乡把整个围屋重拍了一遍，选取片段做成美篇，并请了深圳市书法家协会顾问、坪山沙湖老乡邹炯文先生题了一首五律序诗：“大万源流远，世居惠泽长。家声传大学，德业著文章。堪赞传公志，宏开盛赆堂。巍然围屋在，佳话古今扬。”

今得深圳报业集团出版社之约，不惧风烛残年，竭尽微力，勉加整辑，进行再创作，或曰朝花夕拾也。拙笔一支，见识浅陋，纰缪难免，敬祈指正！

曾观来

2021年辛丑孟春

目录
CONTENTS

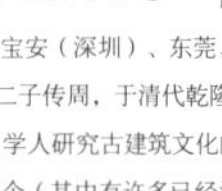
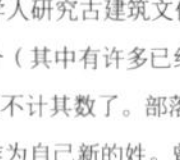
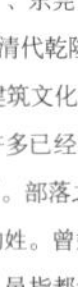
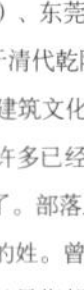
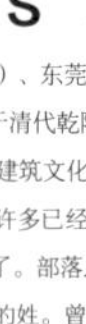
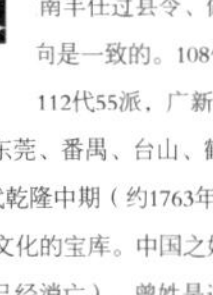

第六章　模范村

第七章　族谱编修

多新的姓氏，其中黄帝姬姓与其元妃姒姓派生出来的姓氏最多，由炎帝姜姓派生出来的姓氏亦不在少数。这样，中华民族古今5000多个姓氏中是黄帝炎帝后代的就不计其数了。部落之间
很复杂，以朝代名、国名、地名定姓的多见。如夏朝，从夏禹起沿用先代黄帝元妃姒姓；后来，夏为商所灭，夏桀的子孙有的为纪念夏朝而用原“夏”的朝代名作为自己新的姓。曾姓亦
的时空。到了公元前567年，鄫国为莒国所灭，王太子巫逃奔鲁国（今山东曲阜），为鲁国大夫，后定居武城（在今山东嘉祥县内）。巫公叹曰：“国亡矣！邑宜除去！”（邑指都城，
曾姓一派祖。武城因此成为曾氏的发祥地。在中国历史上曾发生过几次民族大迁徙，客家人大迁徙则有五次。曾氏族人的迁徙又有其特定的历史环境、人文地理环境和迁徙途径。如果说
于公元10年率领族人千余人从山东武城南下渡江至江西庐陵（今吉安）吉阳乡开基立业。公元15年，据公联络诸侯，讨莽复汉有功，被加封关内侯。此后，据公后裔在江西庐陵一带衍
官，由吉阳移居乐安云盖乡，其后人成为福建“宁化房系”；曾略，唐代官至节度使等职，从吉阳徙抚州（今江西临川）西城。其后人成为“南丰房系”。珪、旧、略世称“老三房”
立公是大万曾氏先祖。南丰是继武城曾子之后曾氏人文又一发祥之地。大万曾氏南迁先祖在此历经十四代（派），历代有能人。旧谱载：“南丰之曾称盛”“人才出类拔萃，可谓如日
的便是这一脉相承的历史文化底蕴。洪立公在南丰任过县令、做过修史官等职。南迁客族曾氏围屋及祠堂对联多有嵌入“东鲁”“南丰”字样，如“东鲁传经府，南丰修史家”“东鲁家
丰至闽东至粤东……这跟南宋几代王朝南逃方向是一致的。108代51派曾惇，官封宋鲁国公，于公元1112年由江西南丰翻越武夷山，移徙至福建宁化石壁乡，是曾氏南迁福建宁化开基祖，
移居兴宁县，为南下客家人曾族开基祖之一。112代55派，广新公第九子良甫，由兴宁徙五华七都斗米岭九龙岗，繁育16子，枝繁叶茂。从佑孙到广新到良甫，又跨越了多少个地域和时空
埔、博罗、增城、龙门、宝安（深圳）、东莞、番禺、台山、鹤山、中山、广州、罗定、阳江、茂名等市县的部分地区乃至全境，外省的广西、福建、四川、湖南、湖北、云南、贵州、
四子。127代70派，元恭公二子传周，于清代乾隆中期（约1763年前后）从坪山三洋湖村迁今大万世居开基立业。曾氏族人从春秋末期巫公开姓至今，演绎了两千多年漫长的繁衍史，其悠
，营造大万世居，成为今日学人研究古建筑文化的宝库。中国之姓氏，始自五千多年前乃至远古的原始社会母系氏族时期。先有姓，后有氏；姓为氏之本，氏自姓而出；一为主干，
，中华民族古今姓氏有5000多个（其中有许多已经消亡），曾姓是这个姓氏大家庭中的一员。曾氏是黄帝的后代之一。早在五千多年前的部落时代，许许多多的部落都有各自的姓氏，如
多个姓氏中是黄帝炎帝后代的就不计其数了。部落之间的互相争夺，结果黄帝打败了其他所有部落，炎帝归服黄帝，结成大联盟，统一了中原（中国）。后来不同祖先姓氏的中华民族的
念夏朝而用原“夏”的朝代名作为自己新的姓。曾姓亦出自姒姓。至约公元前2000年，夏王少康封次子曲烈于鄫地（在今山东苍山县西北）。曲烈立鄫国，以鄫为姓。“鄫”和“夏”及
内）。巫公叹曰：“国亡矣！邑宜除去！”（邑指都城，代表国家），遂于公元前585年，去“邑”（“鄫”的右偏旁），定“曾”为姓，族史称巫公为曾氏定姓始祖。巫公五世孙曾参
又有其特定的历史环境、人文地理环境和迁徙途径。如果说，曾族的迁徙是一条长河，那么，大万曾氏先祖的迁徙则是万千分支中的一根涓涓细流。据称，从曾子的第三代起就陆续有人
有功，被加封关内侯。此后，据公后裔在江西庐陵一带衍播发展，成为“庐陵旺族”，据公被称为“南迁始祖”，庐陵为中华民族曾氏第二发祥地。传至91代34派，曾珪、曾旧、曾略为
其后人成为“南丰房系”。珪、旧、略世称“老三房”；略公是大万曾氏先祖，其后裔衍居江西、福建、广东、广西、湖南、湖北、四川、云南、贵州、海南、台湾、香港及海外各地
旧谱载：“南丰之曾称盛”“人才出类拔萃，可谓如日之中天。”唐宋八大散文家之一曾巩便是南丰人。2002年被公布为省级文物保护单位、遐迩闻名的客家围屋深圳市坪山大万世居祠
南丰”字样，如“东鲁传经府，南丰修史家”“东鲁家声光百代，南丰世泽启千秋”……活灵活现了“东鲁传经，南丰修史”这一文脉。北宋末，南宋初，元兵入侵频仍，宋高宗南渡，
移徙至福建宁化石壁乡，是曾氏南迁福建宁化开基祖，又称“宁化房系”，亦为大万曾氏福建之始祖。111代54派广新，南宋进士，官封光禄大夫。宋末随父（佑孙公，曾氏粤东开基祖）
茂。从佑孙到广新到良甫，又跨越了多少个地域和时空，其裔孙衍播大江南北，四海五洲。据不完全统计，他们分布在广东的河源、五华、紫金、兴宁、梅县、蕉岭、龙川、揭西、澄海
外省的广西、福建、四川、湖南、湖北、云南、贵州、海南一些市县的部分地区，香港、台湾的部分地区，海外的一些国家和地区都有分布。125代68派简辉，1703年从长乐徙惠阳坪山
巫公开姓至今，演绎了两千多年漫长的繁衍史，其悠远在各姓氏中是屈指可数的。从曾据至曾传周，历经五十六代（派），大小迁徙十余次，曲折坎坷，繁衍子孙千千万万，遍布五洲四
后有氏；姓为氏之本，氏自姓而出；一为主干，一为分枝。自西汉始，姓氏合为同用，但在不同的语境下也有所区别。当今我们的国家是由56个民族组成的多民族国家，而汉族（中华民
的部落时代，许许多多的部落都有各自的姓氏，如炎帝姓姜，黄帝姓姬（号轩辕氏）。随着社会历史的嬗变，各个姓氏又派生出许多新的姓氏，其中黄帝姬姓与其元妃姒姓派生出来的姓
中原（中国）。后来不同祖先姓氏的中华民族的后代都通称是“炎黄子孙”（因炎帝先于黄帝，故世称“炎黄”）。姓氏的起源很复杂，以朝代名、国名、地名定姓的多见。如夏朝，
北）。曲烈立鄫国，以鄫为姓。“鄫”和“夏”及其他许多的姓均出自母姓，大概与母系氏族因缘有关。以国为姓，跨越了一千多年的时空。到了公元前567年，鄫国为莒国所灭，王太子
族史称巫公为曾氏定姓始祖。巫公五世孙曾参（曾子，公元前505——公元前435年），继承和发扬了孔子学说，被后世尊为宗圣和曾姓一派祖。武城因此成为曾氏的发祥地。在中国历史
涓细流。据称，从曾子的第三代起就陆续有人迁出武城。至西汉末，公元8年，王莽篡政。72代15派曾据“不忍国耻，不仕新莽”，于公元10年率领族人千余人从山东武城南下渡江至江西
发祥地。传至91代34派，曾珪、曾旧、曾略为三兄弟。曾珪居庐陵吉阳，后徙居永丰县，为“永丰房系”；曾旧，唐代进士，累官，由吉阳移居乐安云盖乡，其后人成为福建“宁化房系
云南、贵州、海南、台湾、香港及海外各地。95代38派游立、洪立、宏立三兄弟，从抚州徙南丰，合称“南丰三祖”，其中洪立公是大万曾氏先祖。南丰是继武城曾子之后曾氏人文又一
遐迩闻名的客家围屋深圳市坪山大万世居祠堂上厅镌刻着一副楹联：“一部孝经贻世业，八家文蕴绍宗风。”这副对联揭示的便是这一脉相承的历史文化底蕴。洪立公在南丰任过县令、
末，南宋初，元兵入侵频仍，宋高宗南渡，客家人不得已进行第三次迁徙。这一时期，曾氏迁移的起止地点主要是：江西南丰至闽东至粤东……这跟南宋几代王朝南逃方向是一致的。10
夫。宋末随父（佑孙公，曾氏粤东开基祖）母从福建宁化徙粤东海阳（今潮阳），旋又迁粤东长乐县（今五华）华城，继又移居兴宁县，为南下客家人曾族开基祖之一。112代55派，广
紫金、兴宁、梅县、蕉岭、龙川、揭西、澄海、惠阳、惠东、陆丰、平远、连平、和平、曲江、南雄、乳源、翁源、英德、大埔、博罗、增城、龙门、宝安（深圳）、东莞、番禺、台山
125代68派简辉，1703年从长乐徙惠阳坪山（今属深圳市）龙背，为曾氏坪山开基祖。126代69派元恭徙坪山三洋湖开基，生四子。127代70派，元恭公二子传周，于清代乾隆中期（约1
次，曲折坎坷，繁衍子孙千千万万，遍布五洲四海，为传播中华及客家文化立下不朽的丰碑。曾传周几十年如一日，历尽艰辛，营造大万世居，成为今日学人研究古建筑文化的宝库。中
由56个民族组成的多民族国家，而汉族（中华民族）人口在全民族中占了百分之九十四，所以，通常中华民族就是指代中国。中华民族古今姓氏有5000多个（其中有许多已经消亡），曾
姓氏，其中黄帝姬姓与其元妃姒姓派生出来的姓氏最多，由炎帝姜姓派生出来的姓氏亦不在少数。这样，中华民族古今5000多个姓氏中是黄帝炎帝后代的就不计其数了。部落之间的互
复杂，以朝代名、国名、地名定姓的多见。如夏朝，从夏禹起沿用先代黄帝元妃姒姓；后来，夏为商所灭，夏桀的子孙有的为纪念夏朝而用原“夏”的朝代名作为自己新的姓。曾姓亦出
的时空。到了公元前567年，鄫国为莒国所灭，王太子巫逃奔鲁国（今山东曲阜），为鲁国大夫，后定居武城（在今山东嘉祥县内）。巫公叹曰：“国亡矣！邑宜除去！”（邑指都城，
姓一派祖。武城因此成为曾氏的发祥地。在中国历史上曾发生过几次民族大迁徙，客家人大迁徙则有五次。曾氏族人的迁徙又有其特定的历史环境、人文地理环境和迁徙途径。如果说，
公元10年率领族人千余人从山东武城南下渡江至江西庐陵（今吉安）吉阳乡开基立业。公元15年，据公联络诸侯，讨莽复汉有功，被加封关内侯。此后，据公后裔在江西庐陵一带衍播
由吉阳移居乐安云盖乡，其后人成为福建“宁化房系”；曾略，唐代官至节度使等职，从吉阳徙抚州（今江西临川）西城。其后人成为“南丰房系”。珪、旧、略世称“老三房”；略
是大万曾氏先祖。南丰是继武城曾子之后曾氏人文又一发祥之地。大万曾氏南迁先祖在此历经十四代（派），历代有能人。旧谱载：“南丰之曾称盛”“人才出类拔萃，可谓如日之中天
这一脉相承的历史文化底蕴。洪立公在南丰任过县令、做过修史官等职。南迁客族曾氏围屋及祠堂对联多有嵌入“东鲁”“南丰”字样，如“东鲁传经府，南丰修史家”“东鲁家声光百
东至粤东……这跟南宋几代王朝南逃方向是一致的。108代51派曾惇，官封宋鲁国公，于公元1112年由江西南丰翻越武夷山，移徙至福建宁化石壁乡，是曾氏南迁福建宁化开基祖，又称
宁县，为南下客家人曾族开基祖之一。112代55派，广新公第九子良甫，由兴宁徙五华七都斗米岭九龙岗，繁育16子，枝繁叶茂。从佑孙到广新到良甫，又跨越了多少个地域和时空，其裔
罗、增城、龙门、宝安（深圳）、东莞、番禺、台山、鹤山、中山、广州、罗定、阳江、茂名等市县的部分地区乃至全境，外省的广西、福建、四川、湖南、湖北、云南、贵州、海南一
27代70派，元恭公二子传周，于清代乾隆中期（约1763年前后）从坪山三洋湖村迁今大万世居开基立业。曾氏族人从春秋末期巫公开姓至今，演绎了两千多年漫长的繁衍史，其悠远在各
大万世居，成为今日学人研究古建筑文化的宝库。中国之姓氏，始自五千多年前乃至远古的原始社会母系氏族时期。先有姓，后有氏；姓为氏之本，氏自姓而出；一为主干，一为分枝。
族古今姓氏有5000多个（其中有许多已经消亡），曾姓是这个姓氏大家庭中的一员。曾氏是黄帝的后代之一。早在五千多年前的部落时代，许许多多的部落都有各自的姓氏，如炎帝姓姜
中是黄帝炎帝后代的就不计其数了。部落之间的互相争夺，结果黄帝打败了其他所有部落，炎帝归服黄帝，结成大联盟，统一了中原（中国）。后来不同祖先姓氏的中华民族的后代都通
用原“夏”的朝代名作为自己新的姓。曾姓亦出自姒姓。至约公元前2000年，夏王少康封次子曲烈于鄫地（在今山东苍山县西北）。曲烈立鄫国，以鄫为姓。“鄫”和“夏”及其他许多
叹曰：“国亡矣！邑宜除去！”（邑指都城，代表国家），遂于公元前585年，去“邑”（“鄫”的右偏旁），定“曾”为姓，族史称巫公为曾氏定姓始祖。巫公五世孙曾参（曾子，公
的历史环境、人文地理环境和迁徙途径。如果说，曾族的迁徙是一条长河，那么，大万曾氏先祖的迁徙则是万千分支中的一根涓涓细流。据称，从曾子的第三代起就陆续有人迁出武城。
封关内侯。此后，据公后裔在江西庐陵一带衍播发展，成为“庐陵旺族”，据公被称为“南迁始祖”，庐陵为中华民族曾氏第二发祥地。传至91代34派，曾珪、曾旧、曾略为三兄弟。

如果说，**曾氏族人**的迁徙是一条长河，那么，大万曾氏先祖的**迁徙**则是万千分支中的一条**涓涓细流**。

第一章

曾姓起源与大万先祖之迁徙

中国之姓氏，始自五千多年前乃至远古的原始社会母系氏族时期。先有姓，后有氏；姓为氏之本，氏自姓而出；一为主干，一为分支。自西汉始，姓氏合为同用，但在不同的语境下也有所区别。

中国是由56个民族组成的多民族国家。各民族中，汉族人数最多，约占全国人口总数的91.11%。中华民族古今姓氏颇多（其中有许多已经消亡），曾姓是这个姓氏大家庭中的一员。曾氏是黄帝的后代之一。早在数千年前的部落时代，许许多多的部落都有各自的姓氏，如炎帝姓姜，黄帝姓姬（号轩辕氏）。随着社会历史的嬗变，各个姓氏又派生出许多新的姓氏，其中黄帝姬姓与其元妃姒姓派生出来的姓氏最多，由炎帝姜姓派生出来的姓氏亦不在少数。这样，中华民族古今姓氏中是黄帝炎帝后代的就不计其数了。部落之间互相争夺，结果黄帝打败了其他所有部落，炎帝归服黄帝，结成大联盟，统一了中原。

姓氏的起源很复杂，以朝代名、国名、地名定姓的多见。如夏朝，从夏禹起沿用先代黄帝元妃姒姓；后来，夏为商所灭，夏桀的子孙有的为纪念夏朝而用原“夏”的朝代名作为自己新的姓。曾姓亦出自姒姓。至约公元前2000年，夏王少康封次子曲烈于鄫地（今山东兰陵县西北）。曲烈立鄫国，以鄫为姓。“鄫”和“夏”及其他许多的姓均出自母姓，大概与母系氏族因缘有关。以国为姓，跨越了1000多年的时空。到了公元前567年，鄫国为莒国所灭，王太子巫逃奔鲁国（今山东曲阜），为鲁国大夫，后定居武城（今山东嘉祥）。巫公叹曰：“国亡矣！邑宜除去！”（邑指都城，代表国家），遂于公元前565年，去“邑”（“鄫”的右偏旁），定“曾”为姓，族史称巫公为曾氏定姓始祖。巫公五世孙曾参（曾子，公元前505—公元前435年），继承和发扬了孔子学说，被后世尊为宗圣公和曾姓一派祖。武城因此成为曾氏的发祥地。

中国历史上曾发生过多次民族大迁徙，客家人的大迁徙则有五次。曾氏族人的迁徙又有其特定的历史环境、人文地理环境和迁徙途径。如果说，曾

宗圣公曾子像。曾子（公元前505年—公元前435年），名参，春秋末年鲁国南武城（今山东嘉祥）人。孔子高徒，曾氏开派始祖（翻拍自2008年大万族谱）

氏族人的迁徙是一条长河，那么，大万曾氏先祖的迁徙则是万千分支中的一条涓涓细流。

据称，从曾子的第三代起就陆续有人迁出武城。至西汉末，公元8年，王莽篡政。72代15派曾据“不忍国耻，不仕新莽”，于公元10年率领族人千余人从山东武城南下渡江至江西庐陵（今吉安）吉阳乡开基立业。公元15年，据公联络诸侯，讨莽复汉有功，被加封关内侯。此后，据公后裔在江西庐陵一带衍播发展，成为“庐陵旺族”，据公被称为“南迁始祖”，庐陵为中华民族曾氏第二发祥地。传至91代34派，曾珪、曾旧、曾略为三兄弟。曾珪居庐陵吉阳，后徙居永丰县，为“永丰房系”；曾旧，唐代进士，累官，由吉阳移居乐安云盖乡，其后人成为福建“宁化房系”；曾略，唐代官至节度使等职，从吉阳徙抚州（今江西临川）西城，其后人成为“南丰房系”。珪、旧、略世称“老三房”；略公是大万曾氏先祖，其后裔衍居江西、福建、广东、广西、湖南、湖北、四川、云南、贵州、海南、台湾、香港及海外各地。95代38派游立、洪立、宏立三兄弟，从抚州徙南丰，合称“南丰三祖”，其中洪立公是大万曾氏先祖。南丰是继武城曾子之后曾氏人文又一发祥之地。大万曾氏南迁先祖在此历经14代（派），历代有能人。旧谱载：“南丰之曾称盛”“人才出类拔萃，可谓如日之中天”。唐宋八大散文家之一曾巩便是南丰人。

遐迩闻名的客家围屋——深圳市坪山大万世居于2002年被公布为省级文物保护单位，世居的祠堂上厅镌刻着一副楹联：“一部孝经贻世业，八家文蕴绍宗风。”这副对联揭示的便是这一脉相承的历史文化底蕴。洪立公在南丰任过县令，做过修史官等。南迁客族曾氏围屋及祠堂对联多有嵌入“东鲁”“南丰”字样，如“东鲁传经府，南丰修史家”“东鲁家声光百代，南丰世泽启千秋”……活灵活现了“东鲁传经，南丰修史”这一文脉。北宋末，南宋初，元兵入侵频仍，宋高宗南渡，客家人不得已进行第三次迁徙。这一时期，曾氏迁移的起止地点主要是：江西南丰至闽东至粤东……这跟南宋几代王朝南逃方向是一致的。108代51派曾惇，官封宋鲁国公，于公元1112年由江西南丰翻越武夷山，移徙至福建宁化石壁乡，是曾氏南迁福建宁化开基祖，又称“宁化房系”，亦为大万曾氏福建之始祖。111代54派广新，南宋进士，官封光禄大夫。宋末随父（佑孙公，曾氏粤东开基祖）母从福建宁化徙粤东海阳（今潮阳），旋又迁粤东长乐县（今五华）华城，继又移居兴宁县，为南下客家人曾族开基祖之一。112代55派，广新公第九子良甫，由兴宁徙五华七都斗米岭九龙岗，繁育16子，枝繁叶茂。从佑孙到广新到良甫，又跨越了多少个地域和时空，其裔孙衍播大江南北，四海五洲。125代68派简辉，1703年从长乐徙惠阳坪山（今属深圳市）龙背，为曾氏坪山开基祖。126代69派元恭徙坪山三洋湖开基，生四子。127代70派，元恭公二子传周，于清代乾隆中期（约1763年前后）从坪山三洋湖村迁今大万世居开基立业。

大万世居（文靖 摄）

曾氏族人从春秋末期巫公开姓至今，演绎了2000多年漫长的繁衍史，其悠远在各姓氏中是屈指可数的。

从曾据至曾传周，历经五十六代（派），大小迁徙十余次，曲折坎坷，繁衍子孙千千万万，遍布五洲四海，为传播中华及客家文化立下不朽的丰碑。曾传周几十年如一日，历尽艰辛，营造大万世居，成为今日学人研究古建筑文化的宝库。

让我们把**历史的镜头**聚焦到乾隆末年。经过**三十年**的营造，一座**九天十八井**、八阁走马廊的**围屋**屹立在昔日的**湖洋地上**，四面雄伟高大的围墙，维护着**层层屋群**，像座城堡。

第二章

传 周 公 传 奇

大万世居，一座九天十八井、八阁走马廊的围屋屹立在昔日的湖洋地上（文靖　摄）

宽阔的月池，水深达一米五以上

据一些家谱及文物揭示、专家鉴定，经世居后人确定，大万世居始建于清乾隆中期（1763年前后），于乾隆五十六年（1791年）前建成。缔造者是一世祖曾传周及其儿子曾汉津（光斗）。

曾传周，字端义，1734年出生于坪山三洋湖村，后迁于今址吉旦开基造屋。卒于1819年，享年八十六岁，五代同堂。传周公年轻时生活清苦，勤耕田亩，放牧鸭乸，当挑夫，推车头……样样活儿都干，日久积蓄甚丰。后又断指戒赌，勉励自己，更激励后人。颇有生意头脑，父子传承，公敦厚诚实，忠孝崇文，仗义疏财，修身济世。诰封儒林郎捐职员，谥成惠敦悫。是一位成功的创业者，富甲一方。

牧放鸭乪

公，传周，宗圣公曾参第七十派孙。有四兄弟，传周排行第二。十七岁成亲，十八岁那年十月二十一日巳时添丁，正是早生贵子。

这天天气晴朗。传周喜出望外。一轮红日从田头山喷薄而出，沐浴着千古荒蛮的平野大地。传周双手握着一根长竹竿，头戴草帽，挎着蛋兜，赶着一群鸭乪走出三洋湖村，让它们浩浩荡荡在秋收后的田间觅食。他爱这些蹦蹦跳跳的小家伙，它们为他向大自然索取财富。他爱这里的每一座山，每一道水，每一寸土，它们哺育他长大成人。

这里是坪山。一条低山山脉自东向西绵亘不断，把这一望平野环成一个凹凸不平的小盆地。在离“三洋湖”四五里的西面有一座宽阔低平的小山冈，叫东头岭。史载，在清代康熙年间，陆续有客家人到这里开基立

大万世居开基祖出生地三洋湖村恭公宗祠（翻拍自2008年大万族谱）

业，相继建成“老围”“骆屋”等小村落，后来合成一个大围（村）叫“坪山围”。

传周他爷爷是在康熙中后期从广东长乐（今五华县）迁来坪山“龙背”建基的，他父亲后来又迁居“三洋湖”。传周就在此出生长大成人。

至乾隆初年开始，迁居者在坪山河东面约两里处开始建墟市，叫“坪山墟”。

其实，这荒蛮之地有先民休养生息可以追溯到宋代甚至更早。据说“果园背”黄姓人（村）是来坪山落根最早的村落之一，坑梓的“盘古石”“沙梨园”等黄姓人氏就是从“果园背”迁徙再迁徙的。“果园背”有一座祠堂，其栋梁是一根很大的古木，据老者说是“布松”树。所谓“布松”，其枝叶在民间是用来做扫帚的，一种很耐用的扫帚。但布松只是一种小灌木，这栋梁如果不是从远方运来，而是就地取的材，那么，这绵亘不断的山岭曾有古老的森林?

山脉的南面是什么呢？他不知道山外有山，山外有海；他只知道山外是天边，这绵亘的山脉躺在天的脚下，躺在他的眼前。

午后时分，鸭群拥入一条小河，是坪山河一条支流的中游。这河发源于红花岭和马峦山，蜿蜒曲折，落差大，碧波粼粼，怪石嶙峋。到了中下游一段，河床开始出现泥沙沉积。下游一段因河畔有一个村落叫“军田”，所以这河段叫“军田河”。说起军田，应与古代军事有关，想必这里曾经是屯军之地。这要史家去考证了。

传周赶着鸭群越过军田河，来到一片水草丛生的湖洋（沼泽）地。他让鸭乸“自由活动”，自己径向附近一条村庄走去。

这村庄叫邓屋村，建在岭背龙山的北麓，依山坐南向北，长方形，约有二三十户人家。西边有一棵经风老树——木棉，所以村子又叫木棉村。木棉树长得有五六丈高，枝叶稀疏，因而更显得挺拔，伟岸，比周围所有的树高出至少半截，有如鹤立鸡群。每到春天，木棉会开出一树红花，花朵如棉球般大，甚至比叶子多，所以当地人管它叫“红棉”。一树红棉点燃一抹天空，火红火红的；但树大招风，累遭雷打，雷打火烧而不死，怪不得世人称它为英雄树。斑白挺直的树干层层长出枝杈，常有鸟儿盘旋栖息，偶尔还有几声喜鹊喳喳鸣叫。这下传周刚好听个正着。他抬头看，恰好一对。

“阿鹊鹊，尾叼叼，你行嫁，涯（我）吹箫。”这是母亲教他的儿谚。

时光过得真快，不觉已做爸爸了。

“莫非是喜上加喜？”他心想。想到家丁繁茂，好比这木棉树，总要分枝，有朝一日能自立自强，安居乐业，分担父母兄弟的劳苦，该有多好。他慢步来到村头和村中长老聊天。长老请他吃山芋，忘年之交，好不投机。聊得正欢，忽见一位风水先生上前问道：“小富贵为何喜上眉梢？”传周把刚才所见所闻所想所言予以禀告。这风水先生姓孔，外号叫“孔风水”。孔风水见有风有水来，立即用手指向那片湖洋地：“这是一块风水宝地呀！”传周满腹狐疑：“这湖洋地也能建屋？我祖屋就在三洋湖，现在又要在湖洋地上建屋？”对曾传周来说，建屋只不过是美好的幻想，或者说是来日方长，此时他对风水先生的指点不以为然。

“等小富贵发了财再来找我吧。再见！”孔风水见无风无水来，扬长而去。

传周回转到湖洋地，太阳已经偏西。他抬眼西望，一马平川。在很远的日落的天边，有一条很矮的山脉，在夕阳辉映下，显得深幽，黛绿。他忽然记起私塾先生教的《唐诗三百首》中的一首：“岱宗夫如何，齐鲁青未了。……会当凌绝顶，一览众山小。”他回过神来，鸭乸还在觅食。“鸭鸭鸭——”，他“遛”了几声，鸭群便向他拥来，一个不少，他还捡了一袋鸭蛋，一半分给邓屋村长者，赶着鸭乸打道回府。

断指戒赌

寒来暑往，冬去春来。坪山墟市逐渐兴旺，成为一方农贸集散之地。曾传周依然从事农耕，闲余掌（牧放）鸭乸、推车头而兼之。所谓“车头”，是独轮车，本地人叫“鹅呃”车，又叫鸡公车。一个木制车轮很大，耸起在两条车辕中间，像公鸡的冠，车轮后面有一个车斗，人在车斗后面手握两条车辕末端（车把），肩膀挂着一条绑在两车把上的绳子（手肩并用）往前推。推独轮车要很高技术，当然也是很辛苦，但是比挑担划算，所以收入较高。那时在汤坑、碧岭有石灰窑，传周学会推独轮车，替人运石灰、石头，与掌鸭乸交替着做。经年累月，日积月聚，贯钱颇丰。自从与父母分“穴”（居住）以来，居宅局促，早有建屋念头，可谈何容易！一日得知村人九叔赌宝赢了钱，买标中了条“八仔”（一种用千字文写在纸上的标文，中五个字以上有奖，八个字头奖），奖了半贯钱。传周为此心动。他天天向带标的“驼背涣”要标文纸。他识字，用白纸写八个字；妻子不识字，用香火在标文上对着某个字点一个孔，共点八个字。如此下来，连“五仔”都没中过，白给“驼背涣”赚了劳务费。他决定利用空余时间到墟里赌宝（宝是一种赌具）。开始果有见效，一袋钱币胀鼓鼓地带回家。第二天又赢了。第三天却输了。接下来有赢有输，但总是输多赢少；他赢的钱并没有入袋为安，没多久，赌钱开始倒流了。妻子傅氏劝他罢了，俗话说，十赌九输。可他不听，硬想把钱赢回来。只见每次宝斗一开，庄家伸出两只大手对着曾传周下注的一堆钱大喊一声：“收！——”钱被刮入庄家袋里。农历上、中、下旬每逢二、五、八墟日的散墟时分，只见那三五成群一伙人，提着钱袋走出马岭墟

端义公像。曾传周，字端义，宗圣70派，大万一世祖。生于清雍正十二年（1734年）七月二十三日未时，终于嘉庆二十四年（1819年）九月十九日。享年86岁。右手拇指用布缠着，以示当年的断指戒赌

门，从谭公爷河码头登上篷船下淡水（今惠州惠阳）。如此下来，传周惊呆了。他去向赢钱的九叔请教。九叔比他大10岁，好吃懒做，弱不禁风。原来也是个穷光蛋，后来在墟里参赌赢了钱，中了标，又在家里开了个小赌档，这家伙财运好，人人都说他会赌——发了。

“赌博，赌博，要赌就要敢博！”九叔这样怂恿他。

他要卷土重来。他出门总得抬头看看对面墙壁上贴着的四个字——“天官赐福”。但是，经过几番折腾之后，传周并没有福从天降，更没有像木棉树上的喜鹊鸣枝预兆的那样喜上加喜。他的汗水流呀流，流干了，一点一滴地流进了庄家的钱袋。

传周受到父母兄弟的责怨，妻子傅氏更是泪往心里流。

他顶着巨大的压力继续天天去干他的苦活，同时没有断掉建房的念头。而更使他难堪的是，赌瘾像魔鬼一样地缠绕他。一天，他来到九叔家低声下气道：

“九叔，借给我一百个钱。”

“大胆！你用什么身尸萝卜皮（方言，你算哪个葱，带嘲讽意味）还我？”九叔神气起来，摆起财爷的架子。

传周的自尊心受到了伤害，回到家里坐立不安。“该死的发瘟狗（九），骂我身尸萝卜皮！”

当晚，他辗转反侧，经过一番痛苦的思想斗争后清醒过来：“我死都不怕，还怕戒赌么？”一纵身跳下床，找了把菜刀，“哚”的一声，断指了！他用左手拧住右手大拇指：“傅婆！快来！”妻子点着烛光，吓了一跳，急忙找来一块黄麻布。

“还有床底下的黄狗头，快！”传周咬紧牙根说。黄狗头是一种止血效果很好的草头药，是傅氏在李三娘山上割草时带回来的。

妻子一边替丈夫包扎一边哭，一边痛在心上：“你为什么这么傻呀，他爸！”

“这下好啦。痛在手上，爱在妻儿子孙上！”

夫妻俩紧紧抱成一团，蜡烛也替他们垂泪。儿子汉津站在一边。鲜血流满了地。

开基立业

曾传周吃了九叔的闭门羹，受了屈辱，毅然断指戒赌，在邻村引起了不同程度的反响，姑不赘言。且说他为后来漫长的沧桑岁月留下的一步一个脚印。

他依然是日出而作，日落而归。鸡公车日复一日地滚转，鸭乸群年复一年地下蛋，地里的庄稼按照固有的黄历秋收冬藏。曾传周的积蓄又有了，犹如岭背龙山那棵生机勃勃的伯公松，一岁一年轮。

曾传周不仅在艰苦的磨炼中造就出超人的体能，还显露了中国人朴素的智慧。他意识到，只凭简单的透支体力劳动，不能从根本上摆脱贫困，而应该以穷则思变的精神去挖掘更深的层次。他看到，坪山这个新兴的小墟市有发展前途，可以小试牛刀。他开始“吃螃蟹”，用多年积蓄在坪山开办了一间“金昌”榨油厂。果然奏效，一年生利，两年翻番，三年扩大再生产……

光阴荏苒，十年磨剑，百年大计从兹起。到了乾隆中期，这年春月吉日，东方刚刚现出鱼肚白，傅氏便备好三牲，等待辰时的到来。辰时到，曾传周挈妇将雏，在湖洋地的东段预先筑好的土墩上摆好三牲，插上三炷香。风水先生早早来到。这下曾传周对他特别敬重，因为他的祖先是孔子，传周的一派祖曾子是孔子的高才生，说来还有辈分的因缘呢！

孔风水叫建筑匠在他指定的地点先打一个孔，再竖立一块“中宫墩”，叫“定屋神墩”。设计师按照曾传周的意旨，做成“宝斗”形。当年赌场庄家的宝斗像无底洞收尽了他一点一滴的血汗钱，现在他决心要造一座很大很大的“宝斗”，让很多很多的财源滚滚而来。设计师摆开建筑图纸，用手比画着，整体规划是：九天十八井，八阁走马廊。

“什么叫九天十八井？……”传周儿子汉津问，他这时十一岁。

“你先读好书，将来帮父亲。”

“什么时候能做好？”

“我们一代接一代，世世代代做下去。古代有个故事叫愚公移山……我们要做屋，要做很大很大的屋……”他把两只手摊开，一直摊到脊背，“我们不单要做屋，还要移山！我们一代一代做下去，定能做起来！”……

宗祠是一氏一族存亡的象征。这祠何时始建，何日落成，看官无须细问。且看眼下这堂皇深邃的构筑，可知其独运匠心。当祠堂前面的牌楼最后一道工序——一块巨型的石匾镶嵌于两根石柱之上，里外分别镌刻着“其旋元吉”“勿替引之”阳文大字，它在启示后人：你可以翻箱倒箧去求索它的渊源，诠释它的底蕴。后人注意到，仅从祠堂里外的碑刻、楹联、书画的妙出、精撰、工笔，便可知其当日荟萃了多少学富五车、才高八斗的文人墨客！

“物华天宝，龙光射牛斗之墟，人杰地灵……”宗祠中厅的墙壁上书写着唐代诗人王勃的《滕王阁序》。难怪孔风水那么看得起宗圣公的后代，选择这么好的屋场给睿智的曾传周，使他得以财丁两旺，正是：福禄寿三星拱照，天地人一体同春。曾传周在他刚刚过完八十大寿时，已有三十个曾孙，而在他八十六岁仙逝之前已五代同堂。此前，他要让那么多子孙有吃有穿有住，必须把经济搞上去。他在村里兴办了许多油厂、糖厂，在坪山墟的东胜街西胜街开设有杂货店、轿店、银店、当铺、缸瓦店等，龙岗、淡水都有他的店铺。靠山吃山，靠水吃水，这屋不靠山不靠水，吃什么？吃土，土地是生命之本，济世之源。曾传周带领子子孙孙开垦荒地，购置田产数千亩。大力兴修水利，畅通农田排灌，先后建筑大山陂、沙墩陂、横陂仔等水利工程。他终于成为一个成功的创业者，富甲一方！

让我们把历史的镜头聚焦到乾隆末年。经过三十年的营造，一座九天

大万广场南侧新牌楼

十八井、八阁走马廊的围屋屹立在昔日的湖洋地上，四面雄伟高大的围墙，维护着层层屋群，像座城堡。为了构筑这围墙，挖开了大山陂半座山！

那年孟秋吉日良辰，围屋大厦举行落成典礼。正大门门额上方高高地镶嵌着一块巨型石匾，阳刻着欧体榜书“大万世居”。为了这块碑刻，曾传周奔波劳碌大半生；为了使子孙后代记取：创业艰，守业更艰；为了传承我客家文化……他站在风水塘边仰望“大万世居”四个金光闪闪的大字，欣慰地感到几十年艰辛的汗水没有白流。他授意一位资深学者代言，学者一本正经地宣读：“营造邑居，功费大万；大者，巨也，万者，亿也。故此，世居命名为‘大万世居’。”据传，正在这时，一道龙光从东方射出，孔风水眉飞色舞，他用手一挥，作写字状，嘴里慢条斯理地唱着：“紫气东来！”顷刻间，锣鼓喧天，鞭炮齐鸣，村民们雀跃欢呼：“大万！大万！”

庆典的重头戏是，州府要员奉天承运，为表彰曾传周父子在赈灾行动中功绩卓著；在打造客家民居建筑文化中鹤立鸡群；正统，厚德，忠孝，崇文，和谐，体现了其人生价值观。特诰封曾传周儒林郎捐职员，诰授“端义”名号，“赞政宏才”匾额；诰封曾汉津儒林郎捐监生。仪毕，曾传周自不敢怠慢，重礼报送赐恩。

是年曾传周五十八岁。是日大摆筵席，吃两餐，共五十八桌，每桌十二道菜。龙背、三洋湖、石灰陂兄弟坐上席；亲朋好友、乡绅名流贵宾相迎；商家客户也前来祝贺。九叔后来破落了，左耳失聪，背微驼，也前来贺喜。他被安排加入木棉村长老行列之席，一脸羞红，嘴里还嘀咕着“身尸萝卜皮”……

宴毕。众人走出正大门，但见夕阳渐渐西沉，彩霞璀璨。远处天脚下的打鼓岭低山余脉正在准备着表演“落日余晖”。

曾传周携子几十年如一日，历尽艰辛，**营造了**传奇式的**遐迩闻名**的大万世居，给二百多年后的太平盛世留下了**浓重的一笔**，流芳千古！

第三章

九天十八井的独特形制

大万世居里的危房（修复前，曾向荣 摄）

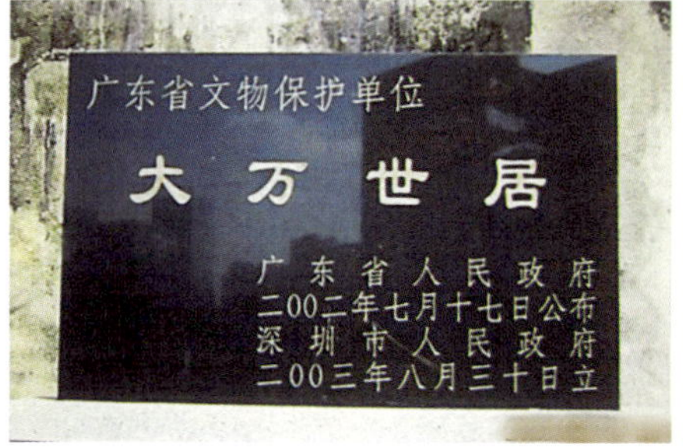

2002年，大万世居被公布为广东省文物保护单位

古老围屋从垂危到重生

大万世居跨越了二百多年的时空，历尽风雨沧桑浩劫。抗日战争时遭到侵华日军火烧楼阁。“文革”破“四旧”时，祠堂墙壁的书法绘画、楹联牌匾遭破坏，特别遗憾的是，祖公祖婆的精美全身画像被焚毁……祠堂在新中国成立前后曾一祠多用：做过妇宣队舞场，做过解放军营房，做过扫除文盲教室，更多是作为生产队置物场所……

1980年代初，国务院出台文物保护法。1984年，大万世居被公布为深圳市文物保护单位，引起媒体的广泛关注。1988年，一位日籍华人（祖籍福建，客家人）通过深圳特区报社向笔者要了一张大万世居全景照片，带回日本去研究收藏，说明大万世居作为一种文化已超越了国界。2002年，大万世居被公布为广东省文物保护单位。多年来，政府及有关部门多次斥资对大万世居进行大力修缮，使这个垂危的“围屋老人”焕发新颜，成为深圳市马峦郊野景区的一个景点。2004年，首届中国（深圳）国际文化产业博览交易会（简称“文博会”）在中心会场深圳会展中心设大万世居分会场。2008年，在改革开放三十周年之际，深圳博物馆以巨幅屏幕展现大万世居古建筑文化的辉煌。2011年，第七届文博会在大万世居设分会场，设置“客行天下”“客而家焉”“客家美食”等多个主题，全面展示客家文化；并在围屋前月池上搭建水上舞台，与屋前禾场连成一片，举行大型客家文化文艺表演。

近之学界称，中国有五大传统民居建筑：闽粤客家围屋，北京四合院，陕西窑洞，广西“栏杆式”，云南“一颗印”。围屋有方形围屋、圆形或半圆形围龙屋，客家民居中还有众多的非围龙的排屋。

在深圳地区，大万世居以其宏伟的建筑规模和独特的形制，当之无愧地被认定为客家围屋的典型标志，它为古建筑文化提供了很高的研究价值。

笔者赋《围屋新貌》七律诗云：

远慕纷来仰世居，孝宗贻泽衍扶疏。
源流东鲁蕴文脉，俊秀南丰毓墨书。
致富辛勤思大业，躬耕儒雅构鸿图。
先灵藉慰拯文物，围屋弘扬益丽珠。

注：曾姓起源于山东，孔子弟子曾子为曾姓一派祖，著述甚多，故称东鲁为曾氏文脉发源地。唐宋八大散文家之一曾巩为江西南丰人，故称南丰是曾氏人文第二发祥之地。

屋场坐标与坐向

大万世居俗称大万围，历史上行政区划名称为大万村。“世居”是世代有人居住较大的围屋的通称。

大万世居屋场原先是一片沼泽地（客家话称“湖洋田”）。东面有一条南北走向的小河，小河发源于马峦山，向北流入坪山河。屋场地势东高西低。

围屋的核心是祠堂，是围屋的“太极”，所以，建造围屋时必先建祠

堂。而祠堂的坐向，也即是围屋的坐向，是由水的流向决定的，这是客家围屋风水术中的要素。俗语云：顺水祠堂逆水地（坟）。大万世居屋场的地表水、地下水都是自东向西流，这就决定了其祠堂及围屋坐向是坐东向西。大山陂、沙墩陂水库建成以后，其一系列农田灌溉水渠均是自东向西流，也就顺理成章了。这是大万世居坐向体现《易经》风水术而有别于周边村落的一个很大的特点。曾有媒体报道称坐东向西是孤例，这是没有科学依据的。深圳地区客家围屋坐东向西不在少数。

围屋承袭中国古建筑群之“中轴线”学说，以祠堂门中点（A）、中楼大门中点（B）、正大门中点（C）三点一线成中轴线，向东延伸至龙心背，以中轴线为对称轴，构成南北对称。西面是一马平川、平展开阔的田野，远处是三洲田打鼓岭低山余脉，傍晚可望见太阳下山至尽，呈现落日余晖。因而，大万世居有“一览众山”之气势。一位城市建筑学专家在看完大万世居后这样形容：“中轴线上丰富而有仪式感的空间序列，有点儿像迷你的故宫。”

围屋布局

从比亚迪路西端北侧新建的“大万世居”新牌楼进去，一片开朗：宽阔的广场，微波潋滟的月池，古老围屋楼船般地倒映在清澈的池水中，煞像一幅水墨画。从“大万世居”新建门楼进去，穿街走巷，可在大万后人所形容的现代诸葛亮“八阵图”中徜徉。

笔者有七律诗《月池》赞曰：

一泓半月躺村前，潋滟新波托玉莲。
旭照龙围呈倒影，风微焦聚现楼船。
凭栏畅想三阳事，绕璺凝思启泰篇。
莫吝塘泥曾沃野，古今融汇日无边。

注：大万月池的塘泥可作肥料用，每隔两年村里要清一次塘，农民们踊跃去挑塘泥。“三阳启泰”，三阳：意为春天开始，表示冬去春来，阴阳消长，万物复苏。泰：平安，安宁。《易经》六十四卦中的泰卦，属好卦。“三阳启泰”，即有好运降临之意，或为一种愿景。

客家围屋有九天十八井之说，而十八井多是虚数。大万世居的结构布局却是名副其实的“九天十八井，八阁走马廊”，九天十八井即九条天街，十八个大天井；八阁走马廊即八个楼阁（不含中心楼），楼阁与楼阁之间有

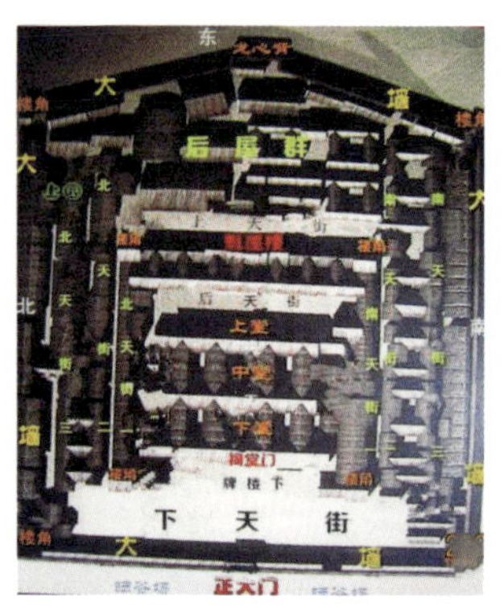

大万世居平面示意图（坪山街道文化站绘制，本书作者整理）

祠堂门全景及牌楼下小广场（自外向里拍）

人行走道相连接。围绕九天十八井，八阁走马廊，呈城堡式“宝斗”（旧时一种正方形的赌具）形，以中轴线为对称轴，AB、AC（以祠堂门中点为A，中楼大门中点为B，正大门中点为C）长度相等，形成多层复合结构。占地面积约1.6万平方米（不含围屋前晒谷场和月池合共的9000平方米）。常住曾姓一百多户人家，最多时有二三百户。所有居宅均为三合土或加部分泥砖做成墙、木棚、瓦面结构，夹墙连接成一排排的屋群。笔者小时侯开始注意到有不少的残墙断壁，据说这些屋主人及其后代大多数是早期出洋去了，有的屋子出于各种原因颓败了。

围屋有内、外两重围墙，内、外墙四角有高两层半的楼阁（有媒体称碉楼或炮楼）。深圳博物馆考古学者文本亨先生曾向我分析，这个围屋的建造，至少要三十年，这和前文交代的建筑始末大致相吻。大万前人口传，围屋主要分两个阶段建造。从“宝斗心”四角及内层四个楼阁麻石构成的大门门闩防护眼可以做出判断。第一阶段建造“宝斗心”。至大万三世时，已有三大房系，围屋需要不断发展扩大，续建“宝斗心”外围的建筑群及大墙，属第二阶段，大约在曾传周五十多岁时期。

外层围墙俗称大墙，高约8米，厚近1米，用黄泥、河沙、石灰和大石夯筑。这些大石头有的重几十斤，是从大山陂山运来的（如前文曾传周说要移山）。楼阁和正面大墙有上下两排50平方厘米麻石镶砌的葫芦形枪眼，据说是用作防御。大墙内屋群瓦面与大墙衔接处有天沟或巡道（即所谓走马廊）。正面有三个大门，中间叫正大门，两侧叫横大门。各大门均有巨型栅门及厚实木门，旧时有专人日夜看守（叫掌大门）。进入正大门是一开阔地，南北走向长100来米，宽约10米，叫大天街。往前是一正方形小广场，叫“牌楼下”，可容数百人围观舞狮、比武或筑台演戏。二十世纪六七十年代，经常有电影队在此放电影，邻村的人都前来观看。

“牌楼下”的来历是：祠堂门前原有一座牌楼（方位依祠堂老规矩自里向外），牌楼中间有石匾三块，正中一块两面分别镌刻“勿替引之”（外向）、“其旋元吉”（内向）大字（详见牌匾诠释），两边各一块镌刻图案。牌楼左边（南侧）有锦记厅二间，右边（北侧）有五和堂厅二间，供房人休闲之用。民国十五年（1926年），江西籍风水先生曾翠葵说楼面正向北，风水不好。于是拆掉（笔者在后来发现：是年不知是什么好年份，村

端义公祠

里建学校，本小房建房祖墓地，父亲给先父起坟进金，伯父修兄弟本家家谱……）。

进入宗祠属内层，叫“宝斗心”，以宗祠为中心。宗祠门楣上灰塑“端义公祠”。端义公即传周公。祠堂原名应为“曾氏宗祠”。后来祠堂重修时，子孙为纪念端义公之声名显赫及给后代留下丰功伟业而改作“端义公祠”。

祠堂为三进二天井。三进称上厅、中厅、下厅。一进的天井，有南北两厢，旧称“南北厅”。旧时用来安放“灵屋”［60岁以上的老人去世后，亲属用纸做的“屋子”，一个月除灵（脱孝）后焚化］。南（左，以祖宗牌神位向外为方位）厅放男灵屋，北（右）厅置女灵屋。新中国成立后废除此旧习。祠堂的二进是祠堂的核心，面积最大。祠堂的三进，俗称上厅。这是上香参拜祖先之所，神阁台下有阴间。以上合称为三进二天井二厢廊规范的

光宗耀祖。祠堂一进，俗称下厅

祠堂一进天井

一进天井之南厢（放男灵屋用）

一进天井之北厢（放女灵屋用）

东鲁旧家。祠堂二进，俗称中厅

追远堂。祠堂三进，俗称上厅

南一街（参见平面示意图。东向拍）

南二街（俗称担水巷）（东向拍）

南三街（东向拍）

本书作者的母亲，1990年80岁，站在老屋家门口，头裹帕仔身挂围裙，传统的妇女装束。深圳博物馆馆长杨耀林摄于1990年。照片经放大做成镜框，2011年参加大万世居文物展，后收藏于大万文物保管室。母亲16岁嫁入大万围，2007年年底因保姆喂食吞食过急哽死，享年98岁。耳闻目睹大万的风土民情、人文习俗

大宗祠。

围绕着宗祠，是一排排的屋群，屋群之间，是一条条的街巷，屋群街巷越多，说明人丁越兴旺。大万世居建筑的风水术体现了《易经》文化“天人合一”这一思维模式。天街布局为纵六横三，间有小巷，纵横交错，井井有条；街巷地面全用鹅卵石或灰沙铺筑。

天井有大天井和独户天井。所谓大天井，主要是指公用天井，如祠堂天井、房人天井、楼阁天井。房人天井居住着房中至亲的几户人家：进门为一

房人天井。这种天井一般三面住有房系中最亲的人家，中间有屏风与大门构成下厅。是规模较大的堂屋

独户民居天井采光滴水天面

独户民居天井，下为排水池

民居楼梯。一侧是主人房

进下厅，往前中间是屏风，屏风两边为出入门；屏风后是天井，天井前正中屋主一般是亲房中有名望之人。公用天井因建筑结构不同而异，打造成了异曲同工的建筑。天井是大万世居家宅一大特色，起初绝大多数独家住户都有天井。只因后来房系、家族及各种原因，不少天井被封了。天井的作用，一是采光，二是排水。风水术上叫作“天阳入境”，天阳与地阴在屋中交接，天、地、人在其中达到“大和”。这也是大万世居对联上联“大和保合”的寓意。天井有地沟通天街排水沟，排水沟有涵管与围屋前约10米处的风水塘（月池）相通。风水塘有出水闸，塘水灌溉前面四块长方形田地［每块三斗种，合称“石二种”，是肥沃的大众公偿田（祖偿田）］。这又叫“三合”格局。“石二种”现已扩大建成“大万广场”，真是旧貌换新颜！

笔者赋《大万广场》七律诗云：

洋田石二筑欢场，万福攸同百卉香。
琼宇参天追夕月，妪翁蹈舞迓朝阳。
笑谈脚下沉酸辣，愧喟先前插烂秧。
今日休闲游胜地，且听坜水叙情长。

祠堂后隔一天街，在东侧屋群之中央，有夹墙“中楼”，居围屋中央；一说“钟楼”，楼顶悬挂铜钟，遇有异常情况时，敲钟防御。此楼宽阔高大，为全村制高点，故又称“魁星楼”，正是古人说的“魁星点斗”。因毁坏较严重，无法按原貌修复。维修管理部门在大门上镶嵌着标示：“据说曾传周在此住过”。此屋后继者较为复杂，现有后裔，乃语焉不详。

八阁走马廊的八阁，后人看到的正规的只有七阁，另一个叫“新门楼”，其格局和方位与众不同。1926年开一新楼，开一新大门，西北偏北向，后世习惯称为新门楼，新大门。新门楼楼梯用麻石条砌筑，木棚楼墙上开一门可上走马廊。新大门的开通，给村民特别是靠北屋群的村民出入带来

宗祠后天街（北向拍）

魁星楼（魁星点斗）屋堂瓦面一角

上天街（北向拍）

北一街（东向拍）

北二街（东向拍）

北三街（东向拍）

下天街（南向拍）俗称大天街，是围屋最大最长的天街

下天街（北向拍）

龙井。全村共饮一井水，井水清澈，终年不枯竭

祠堂中厅外向花窗一侧。由模拟“大卍”模型组成，“卍”是符号，寓意吉祥。唐代武则天为其定音为wàn（万）（文靖 摄）

方便。新门楼属共有，土改时分给了私人，后来遭火烧毁。新千年重修，封堵了大门。

东北角楼阁，后世私有，日军侵华时曾被烧过一次，后又经风吹雨打，破败不堪。东面围屋后大墙中间有突出略成弧形的一段，世称“龙心背”。“龙心背”墙内一民宅主人曾东来，早年当过村子的理事人，却名存实亡；但他知道村里很多旧事，他的一顶大桐油竹笠上写着“三省堂”三个字。“三省”即曾子“吾日三省吾身”，“三省堂”是许多曾氏祠堂的堂号，大万世居的祠堂号是“追远堂”（另释）。据东来前辈说，龙是吉祥之物，大墙的突出部分像龙背。大墙后面那一片地名都叫“龙心背”。是否还有深层意义，有待进一步考究。

“新门楼”

外围墙东北角楼阁（修复前）

外围墙东北角楼阁（修复后）

“龙心背”

外围墙西南角楼阁

八阁走马廊之南面（曾向荣 摄）

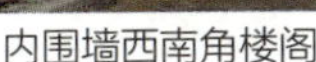

内围墙西南角楼阁

内围墙东南角楼阁

内围墙东北角楼阁

内围墙西北角楼阁

东南角楼阁，后世私有，墙体保留完好。西南角楼阁，后世私有，早年废弃，人民公社时曾作生产队仓库。

以上楼阁，媒体多称碉楼或炮楼，是否准确，笔者持谨慎态度，反正大万村人世世代代称“楼阁”，与阁楼有别。大万世居的楼阁均为两层半，屋顶下的半层阁楼叫半截棚或半棚。

在端义公祠左前右前各有一个屋群，分居南北，两个屋群中有两间遥相对应的厅房，内有天井。坐南一间称“绥利厅”，旧时供世居内绥利房人活动所用，后分归私人经修整成为住宅。坐北一间叫“大众厅”，后归可堂房，再后分归私人经修整成为住宅。

原“绥利厅”

原“大众厅”

外墙上的防御枪眼

艺术造型

大万世居建筑的艺术造型也十分讲究，据史料及现存实物显示，多处的艺术构思颇具匠心。

正大门：门楼高大宏伟，门额及楼顶集古今楼、阁装饰之大成，造型雅致。飞檐高挑，钩角委婉。镶嵌浮雕，各式人物、飞禽走兽、百卉瓜果，熔为一炉，动静相衬，栩栩如生。“大万世居”上方有两只狮子眼，每逢喜日，入夜亮光，熠熠生辉。

牌楼：在祠堂前面构筑一座牌楼。牌楼石柱、石匾的造型，文字、图案的底蕴，匠心独具。据旧谱记载，牌楼左边有逢源厅二间，右边有五和堂厅二间，与左右民居相连，构成一道壮观的屏障。牌楼的三块石匾几经弃置，历尽沧桑，今幸存下来，给后人留下一个研究大万传统文化的重要课题和美好的想象空间。

楼阁：内围墙四角的楼阁，四个角顶筑有高出瓦面的“飞鹰”，两边中央筑有与屋脊齐高的“茶壶耳”，造型圆浑。“茶壶耳”顶部竖立一个“快耙”（三叉铁，古时一种山字形的兵器），直指云天，既用以避雷，又作装饰，蔚为壮观。

屏风：木制，用于隔断上厅和下厅的视线，也叫避俗。比大门高，最少四扇，“八尺屏风，可超而越”（《燕丹子》卷下）。设在数合一住宅及大型堂屋的下厅与天井之间的正中，凡人进门，必须绕过屏风和天井才得进入正屋。大万世居曾有十多处屏风，这在围屋民宅中极为罕见。祠堂则有两道屏风，上、中厅之间一道，中、下厅之间一道，其规模超越上述民宅，给人

本祠龙井（文靖 摄）

一种庄严肃穆之感。2007年由政府出资复制重置。

龙井：在西大墙内侧大天街南面，与南边第三条天街相对。井深约5米，井口约0.8米见方，用麻石砌，井壁用青砖砌。泉眼大，即使在冬天、旱天，全村都不缺水用。水质好，清澈如镜，可见井底之鱼潜（井底四壁有小洞，井鱼时隐时现）。水温清凉，夏天饮之，沁人心脾。是名副其实的龙井。大墙脚下设有井神，亦显出掘井人之匠心。

以上各项，正大门门楼浮雕、牌楼、楼阁“茶壶耳”“快耙”、屏风（除祠堂外）等，出于种种原因，或工程繁杂，或实用价值低，等等，未予修复，颇为遗憾。井面已锁上铁网盖，不予使用，仅供参观。

大万世居祠堂的书法、绘画，运笔极为精湛。“文革”时有的被铲掉，其余被涂上石灰浆或墨水。1983年重修祠堂时经清洗，部分隐约可见，如：草书版王勃的《滕王阁序》、孟浩然的《春晓》、王之涣的《登鹳雀楼》、

中厅南侧书法。“物华天宝，龙光射牛斗之墟，人杰地灵……”

中厅北侧书法

南厢壁画《寿比南山图》

2011年祠堂修缮落成，远近宗亲组织赠送之牌匾、镜屏、文物

金昌绪的《春怨》等，绘画有“八仙”“花开富贵”等。书法有“物华天宝，龙光射牛斗之墟；人杰地灵，徐孺下陈蕃之榻”，这是初唐四杰之一王勃千古名篇《滕王阁序》中的句子，落款为“光绪乙巳夏月吉立”，查光绪乙巳年即光绪三十一年（1905年）。另一幅字迹模糊，落款为“乙巳夏中浣立中”（中浣即农历五月）。一进天井之南厢有壁画《寿比南山图》，落款为“乙巳秋月立”。可以断定这些字画是1905年修葺祠堂时的作品。

大万世居原有一、二世祖及其配偶的单人全身巨幅画像，绘于何时无可考。平时由有名望的长者保管。每年春节、大喜日子及隆重的婚娶都悬挂于上厅。画像中一世祖传周公的右拇指用布包扎着，代代相传当年传周公发誓戒赌，亲手拿刀砍断的。这些画像在“文革”中被焚烧，实是遗憾！

“大万”来历考

凡地名者，必有来历，或取之地形、地物，或成于传说、历史、意念、风情，或出于典籍等。一个城市，一个乡村，是在一定的经济、社会、自然环境下形成的。不少地名颇有史考价值。深圳市的地名（包括村落）大多出于地形地物，少数出于传说，如龙冈、大鹏、乌石岩等，宝安、新安承袭了历史，福永、光明等出于意念。出自意念的“世居”则有嘉绩世居、茂盛世居等。

经多方面仔细研究，大万世居从围屋的两重围墙、八个楼阁可以看出它至少分两个阶段建造而成。内层两条天街及楼阁的麻石大门框，至今仍保留一排上门闩的洞，这种门闩有内锁，是用作辅助防御的（旧时盗贼很多），可以见证这是第一期工程。第二阶段是建造大墙及其内的屋群。因为这时世居人口繁衍众多，居室需要拓展，加强防御，所以有了更加坚固的围墙和大门。根据惠州府乾隆五十六年（1791年）赐予的一块牌匾，整座围屋主体竣工的时间在乾隆末年（1791年前后）。文物管理部门将围屋的建设时间明确定为1763—1791年。

大万世居“大万”一名应出于意念，而这意念又来自与之相符的诸多典籍。“大万”一名的命出及其立意如何？《辞海》上海商务印书馆民国版有“大万”一词条，援引《汉书·刘向传》释义：“营起邑居，功费大万百余。”史载：刘向，西汉经学家、目录学家、文学家。又，《辞海》上海辞书出版社1989年版“大万”词条释：“犹言巨万。《汉书·匈奴传·下》：‘费岁以大万计。’”由此可知，“大万”一词，早在“大万世居”之前

1800多年就见于典籍。唐颜师古注疏："大万，亿也；大，巨也。"颜师古是唐代训诂学家，他的著作有《汉书注》，其对《汉书》两篇文章所出现"大万"一词的解释是最权威的。笔者认为：邑，围城；居，民居；大万，规模巨大，耗资庞大。大万世居的建成，历时数十年，所费人力物力财力非同小可，仅大墙（外墙）一项，就需近5000立方米泥沙灰石。所用石头重者达数十斤甚至一百多斤，这些石头是从几里外的大山陂铜锣潭运来的。为取黄泥，在现大万世居前面挖出一口面积数千平方米、深数米的大池塘。其费时之久，耗资之巨，规模之大，以及在我国古代客家围屋建筑中防御功能之完备等方面，是屈指可数的。从这一点上说，与上述"营起邑居，工费大万百余"可谓异曲同工，也实现了曾传周先前说的"我们要移山"。

另据《易经·乾卦·彖辞》载："大哉乾元，万物资始，乃统天。……保合太和，乃利贞……"意为：伟大啊，乾阳元气！世间万物之源靠着它从此开始……用此语命出围屋之名——"大万"，这就是"大万"名之意念。另外，还拟出"大和保合，万福攸同"的围屋对联，真是别出心裁，天衣无缝。（另见楹联条）

因此，大万世居"大万"一名源于上述两古籍无可置疑。

关于大万世居及曾传周字端义，曾有拆字诗联留传过几代人。兹录并诠释点评如下：

"大万世居"拆字诗：

坪山一义人："大"字，由"一""人"构成。"义"，即端义，曾传周字端义。地点：坪山；人物：端义。因其义举"赞政宏才"，声名远播。以赞其义兼拆"大"字起笔，妙。

草冠断愚心："萬"（万）字。传周嗜赌如痴，输得伤心痛肺，遂痛下决心断指、戒赌，戴草帽牧放鸭乸，去掉不良心态，另琢计谋。以拆释"萬"（万）字义伏笔，极言人生道路曲折，万事起头难。跌宕意幽。

廿儿连七姐："世"字。廿儿：作"廿男儿"解。一笔横穿，将

“廿”与“七”合而为“世”。“连”是双关词，客家山歌把“恋”字唱成“连”，如“连妹爱连十七八”。千计万计，成家第一计；养儿育女，人生之要责。拆解得绝妙。是为转笔，为结句作铺垫。

屈古易出庭：“居”字。良师指点，建居造宅，立业振鸿图。当年“身尸萝卜皮”都没有，受尽“屈”辱。而今“屈”“出”“亘古”来，不屈也，世“居”大“庭”遂成矣。

“端义”拆字联：

山而侧立：“端”字。“大万世居” 位于坪山墟的“侧边”。东面至西面依次为田头山、红花岭、马峦山、挂神山、梅沙尖、打鼓岭等绵延之山岭环抱。以地理环境释“端”为上联切入。

美首是我：“義”（义）字。“美”之首在“大”之上，“美”之下是“我”，“美”首与下“我”合而为“義”（义）。“大万世居”设计、布局的科学性、艺术性，美不胜书——美，首先是我。大我合而为一。以建筑美学释“义”，为下联悟出：“大万”“端义”，万全其美也。

这是一首赞美打油诗联，赞颂大万开基祖曾传周走过艰辛的漫漫人生路，以其传奇般的创业气概与魄力，建造起闻名遐迩的“大万世居”，造福后代。全诗表达了后人对先祖的崇敬。但这诗联既然出自后人，且“大万”早已定出，当然不能作为“大万”命名考证的依据。

祠堂及围屋修缮

大万世居现在所见的“端义公祠”建造立祠的具体时间旧谱无记载，据考证，应是在乾隆中期，即公元1770年前后。初始不叫“端义公祠”，应为“曾氏宗祠”之类，如同沙井的“曾氏大宗祠”。理由是，古代也有立生祠的，按传统礼规，建大众祠者不能以自己名字号命名，更不能称自己为公。换言之，一世祖曾传周在世，他不可能以自己之名立一村之祠，也决不会以“公”自称。据老者说，“端义公祠”灰塑是重修祠堂时做的，方框略显偏斜，不认真考究看不出。笔者也观察过，似乎有一点，不知是视觉抑或是心理作用。什么道理谁也说不出。

古代修祠，据称传统有六十年一大修之说（也有不定期）。大万宗祠有过多少次修葺，旧谱亦无记载。笔者多次反复拍照，仔细分析研究。祠堂中厅的书画有几处落款为“乙巳夏”，在下厅有一幅书“光绪乙巳秋”。查干支纪年六十年一循环，祠堂自建祠起，其间有三个乙巳：乾隆五十年乙巳（1785年），道光二十五年乙巳（1845年），光绪三十一年乙巳（1905年）。乾隆五十年乙巳修？不可能。道光二十五年乙巳修？存疑。纵观上厅、中厅、下厅及祠堂门壁上的书法、绘画，其风格一模一样，均出自一家。中厅两幅书画所书“乙巳夏立”，下厅南侧一幅书画所书“光绪乙巳秋”，据此可以断定光绪三十一年（1905年）进行过一次修葺。这是清末时留给今人作见证的一次重修，而且规模不小。“端义公祠”门额是这次重修中后人为纪念先祖端义公而立，确信无疑。

此后，宗祠未曾有过维修。

20世纪60年代“文革”破“四旧”时宗祠尽遭毁损，加之年久失修，已呈破败。1982年，由村民及香港同胞捐款进行维修，部分文物恢复了旧貌；1983年春全体村民集会聚餐，庆祝宗祠开始重生。2003年由政府出资局部重修一次，主要包括更换中堂（厅）两条价值不赀的大梁。2011年村民集资进行一次堂内装饰维修。同年由政府出资对祠堂再次维修，对“宝斗心”局部维修，在围屋外进行园林营造绿化。此次修缮，祠堂增加了许多客家文物实物及远近宗亲赠匾镜屏，并辟六个展览区，集客家人文风物之大成，成就今日大万世居宗祠之壮观。

大万世居自被列为省级文物保护单位及其对非物质文化遗产传承的重要价值，政府投入资金对祠堂进行大规模修缮，对整个围屋全面地修缮，分期分批进行，数额数以亿计。

2018年，大万世居被列入深圳市提升改造的“十大特色文化街区”。

文蕴深邃的牌匾

大万世居的牌匾楹联甚多，具有深厚的历史文化内涵，有的在“文革”初期遭毁，无法收齐图片，姑用文字补记。

大万世居：石匾，阳刻，欧体榜书，镶嵌于围屋正大门门楣上。《汉书·刘向传》：“营起邑居，功费大万百余。”《汉书·匈奴传·下》：“费岁以大万计。”唐代颜师古注疏：“大万，亿也；大，巨也。”《辞海》（上海辞书出版社1989年版）“大万”词条释：“大万：犹言巨万。”另据《易经·乾卦·彖辞》载：“大哉乾元，万物资始，乃统天。……保合太和，乃利贞……”意为：伟大啊，乾阳元气！世间万物之源靠着它从此开始……”

勿替引之：石匾，阳刻，原嵌于祠堂前面牌楼正中，外向。足有数百斤重，见证大万世居历史之沧桑。1926年牌楼拆除后，石匾从此下落不明。二十世纪六七十年代突然出现在围屋左前方几十米外的一条水沟上，被用作桥供人行走，村人熟视无睹。1984年，大万世居被列为深圳市文物保护单位，石匾被抬搁置于正大门旁边。从此，“勿替引之”曾吸引过包括专家学者在内的好奇者的关注，但都未作出过准确的诠释。2000年后，笔者几经旁征博引，发现此四字乃出自《诗经·小雅·楚茨》：“子子孙孙，勿替引之。”替，废弃，废除也。引，援引，延伸，此作延续解。“勿替引之”意为（希望子孙后代）不要废弃祭礼的法度，要把它传承下去。

其旋元吉：与“勿替引之”同一石匾，内向。出自《易经·履卦》：“视履考祥，其旋元吉。”履：履行，实践。旋：归来，回转，此指一生。

大万世居门额石匾

“贡元”牌匾

“光宗耀祖”木匾

“南丰世泽”木匾

意为：察看自己的行为，如果吉祥，符合礼仪，就实践下去，一生大吉。

图案石匾：两块，阳刻图案，嵌于“勿替引之”两旁，共同构成牌楼。其含义待考。

端义公祠：在祠堂大门上，灰塑，欧体榜书。“端义”是大万世居开基祖曾传周的字。

光宗耀祖：木匾，嵌于祠堂下厅正梁上，外向。

南丰世泽：木匾，嵌于祠堂下厅正梁上，内向。

燕翼诒谋：木匾，原嵌于祠堂下厅正梁上，内向。出自《诗经·大雅·文王有声》：“诒厥孙谋，以燕翼子。”意为：为子孙后代谋福祉，就像这堂梁上的飞燕爱护自己的子女。

“燕翼诒谋”牌匾在2011年修祠时被拆除，换成“南丰世泽”匾。擅自

“燕翼诒谋”木匾（翻拍自2008年大万族谱，曾嘉腾 原拍，经裁剪）

“东鲁旧家”木匾

“赞政宏才”木匾

“急公好义”木匾

置换祠堂文物是不懂堂规和文物保护的表现。时任中国城市规划设计研究院深圳分院规划设计二所工程师郭旭东2013年在接受《南方都市报》记者采访时说：“文物保护讲究一个可留性，所有历史保留下来的，都会记录历史的信息，有一些东西我们现在还不懂，但我们要保护起来，将来通过分析就能了解它可能存储了很多历史的信息。”

解元：赠匾，木制，挂于下厅进门左边墙壁上，已毁。解元是科举考试乡试（省考）第一名，亦即举人第一名。

贡元：赠匾，木制，挂于下厅进门左边墙壁上。贡元是科举考试县试秀才第一名。此匾现置于第三展室地上。

下厅另一面墙壁上尚有两块，已毁，匾名不详。

东鲁旧家：金刻木匾，嵌于中厅屏风正梁上。意为：我族人的先祖故居

“曾家堂上始高曾祖考妣神位” 木匾（翻拍自2008年大万族谱，曾嘉腾 原拍）

“州司马”木匾

“大学家风”木匾

“追远堂”木匾

在山东。这是大万曾氏溯源的重要物象。

赞政宏才：赠匾，木制，挂于中厅左侧（朝外方向）墙壁上。牌匾落款为："乾隆五十六年曾端义立"。据口碑资料，乾隆末年，惠州水患，一世祖曾传周及其子曾汉津积极响应赈灾，捐赠许多钱物，得到朝廷及衙府的褒扬而赐赠。另据考证，此匾亦为纪念围屋建成与"大万世居"石匾同立。以此作为大万世居建成的依据。

急公好义：赠匾，木制，挂于中厅右侧（朝外方向）墙壁上。牌匾落款为："嘉庆二十四年曾光斗立"。据旧谱及口碑资料，曾汉津乐善好施，罗太守赠"急公好义"匾，顾太守赠"惠济桑梓"匾。太守是明、清时掌管州、县的长官。旧谱及相关资料误写成"大守"。

惠济桑梓：见上。已毁。

岁进士：捐赠木匾，挂于中厅堂梁上，已毁。进士是科举考试殿试（朝廷）考中者。

州司马：捐赠木匾，挂于中厅堂梁上，匾刻"嘉庆八年候选直隶八州曾鸣岐立"。曾鸣岐即锦山、锦记，曾汉津之长子。司马是一州（相当于现在的地级市）的长官。

曾家堂上始高曾祖考妣神位：木匾，大万世居祖宗牌，竖写，置上厅神阁上。

追远堂：木匾，嵌于祖宗牌神阁上方墙壁上，欧体榜书，横书。出自曾子语："慎终追远"。意思是：要谨慎认真地办理父母的丧事；祖先虽然远去，要依照礼仪追念拜祭。"追远"，是"追念远祖"的缩写。

古韵盎然的楹联

大和保合　万福攸同：此对上下联之首以“大”“万”嵌入，供春节用，用特大红纸书写，贴于正大门。“大和保合”，“大和”即“太和”，出自《易经·乾卦·彖辞》：“保合太和，乃利贞。”“保合”，保持和融合；“太和”，高度和谐。为了与“万”字对应，改成倒装句，意为：和谐共睦之气氛得到保全。“万福攸同”出自《诗经·小雅·采菽》：“乐只君子，万福攸同。”攸：所。上联强调和睦，团结；下联昭示村民共同享受多多幸福。

大学家声旧　万民气象新：此对上下联之首亦以“大”“万”嵌入，供春节用，贴于祠堂大门。《大学》相传为曾子所著，宣传儒家学说。家声：一个家族享有的声誉。这副对联用一“旧”一“新”揭示：先祖给我们留了永垂不朽的文化遗产、崇高的家族（宗族）声誉，今天我们万众一心，发扬光大，开辟一派新气象。有人把“大学”解成学历，这是非常低级的误解。另有曾氏堂联“大学十章能治国，孝经一册可传家”可与之相印证：“大学”“孝经”就是《大学》《孝经》二书。

圣绍尼山道德文章齐日月　徽传鲁国春秋俎豆永乾坤：此对多用作祭祖，贴于中厅两边。圣：宗圣，指曾子。绍：继承。尼山：在今山东省，相传孔子在此出生，此指孔子。徽：徽号，“宗圣”是曾子的徽号。春秋：可以有两种解释：一、记录孔子思想言论包括《春秋》在内的史书；二、指春秋时代，因孔子、曾子都是春秋时代鲁国人。俎豆：盛鱼肉和果蔬的祭具。这副对联主要是赞颂曾子的。上下联的大意是：宗圣继承孔子的思想，其品

“大和保合，万福攸同”正大门春联

“大学家声旧，万民气象新”宗祠对联

大万祭祖楹联：圣绍尼山道德文章齐日月，徽传鲁国春秋俎豆永乾坤

德，其才华，与日月齐光；徽号从鲁国（今山东省）传出，其精神、孝行（孝敬祖先的德行），与乾坤永在。

一部孝经贻世业　八家文蕴绍宗风：木块制作，嵌于上厅祖宗牌神阁两边。《孝经》：相传为曾子所著，宣传孝道。贻：遗留。世业：世代相传的事业，亦指先代遗留下来的产业。八家：世称“唐宋八大家”，分别为韩愈、柳宗元、欧阳修、苏洵、苏轼、苏辙、王安石、曾巩这八位唐代和宋代的散文家。宋代曾巩是江西南丰客家人。文蕴：文学底蕴（内涵）。绍：继承。宗风：一个宗族的传统作风，风尚。上下联的大意是：宗圣一部《孝

祠堂上厅楹联：堂构相承维凛修齐盈旧德，宗公流庆冀将锺釜妥先灵（翻拍自2008年大万族谱，曾嘉腾 原拍，2011年村人修缮之前两副楹联同时存在）

横大门楹联一

横大门楹联二

经》给子孙后代留下丰富的文化产业，“唐宋八大家”之一的曾巩，其文学底蕴继承着宗祖的崇高风尚。

堂构相承维凛修齐盈旧德　宗公流庆冀将锺釜妥先灵：木块制作，嵌于上厅上对之外两边。堂构：旧指堂皇的建筑物，泛指先祖产业。相承：世代继承。凛：严肃地遵照。修齐：修身，齐家，从《大学》延伸出来的儒家理学理论八条目之一。流庆：传承纪念。锺釜：锺，盛酒食的器具；釜：炊具，相当于现在的锅。《中国历代名人辞典》“曾参”条说曾参“禄不过锺釜”。上下联的大意是：继承先祖的遗业，遵照先祖修身齐家的遗教，发扬先祖美好的德行；世世代代纪念祖公，要用美好的三牲酒菜，敬奉祖先的在天之灵。这副木块楹联在2011年修祠时亦被拆除，又是一个历史的遗憾！

东鲁传经府　南丰修史家

东鲁家声光百代　南丰世泽启千秋

以上两对，用在两个横大门上。南丰：见上“八家文蕴”联释。世泽：先代给子孙后代的影响。

以上对联均对出曾子和曾巩的诞生地，东鲁是曾氏文化乃至孝经文化的发源地，南丰产生了“唐宋八大家”之一曾巩，可见大万先祖对宗圣公的崇敬及对先祖文化的推崇。

在围屋之外，**祖先们**建造了许许多多与之**相关**的设施及附属物，直至二十世纪五六十年代**大部分**还存留着。

第四章

围 屋 附 属 设 施

曾传周享年86岁，生有四子三女，汉津为长，享年亦86岁，生八男二女。后人皆称，大万创业主要靠传周、汉津二公。自三世起分四大房系。大万先祖购置田地数千亩，留给了子孙后代。随着历史发展、家庭结构变化及种种原因，各家各户占有房产地产不尽相等，逐步形成贫富差异。至1952年春土改复查结束，大万村一百多户有四户被划为地主，三户富农，中农少数，其余为贫下中农。姑不赘述。在围屋之外，祖先们建造了许许多多与之相关的设施及附属物，直至二十世纪五六十年代大部分还存留着。

大万世居石墙造型独特（文靖 摄）

明新学校

这是大万世居保留至今弥足珍贵的非物质文化遗产。明新学校建于1926年，因建筑材料不足，把同年拆除的牌楼几间厅房和西北角楼阁的材料用作建校材料的补充。校址位于围屋外的东北面四五十米处。学校于1927年建成开办，命名“明新学校”。经查阅，“明新”二字出自曾子《大学》里的语句：“大学之道，在明明德，在新民，在止于至善。”笔者释：“大”指大学问，并非现在的高等学校。“道”即道理。“明明德”，使人明白正大光明的德行。“新民”，又作“亲民”，使人能弃旧图新，“日三省吾身”（经常检讨自己，保持廉洁）。“止于至善”，达到至善至美的境界。在曾姓族人有关著作及堂联中，有“大学十章能治国，孝经一部可传家”传世。

明新学校是一幢中西式的二层三合土结构木棚楼房，每层三间，一层正中是礼堂，两侧分别是教室和教师住房，大教室有两根铜柱支撑楼棚，另有教师厨房及男生小便槽（尿池在墙外）；二层主体结构与一层相同，有“骑楼”（阳台），与校门地台上下对应。学校前后有操场，校旁有水井，前面有菜地，后面有男、女厕所。周边有铁丝网和企头簕护围。绿竹翠柳掩映，操场四周的夹竹桃、大红花夹道栽种，校园门口种有五爪龙…… 环境优美，得天独厚。在那个时代，一个围村能办起如此规模的学校，实属不凡。这种景象大体保持到二十世纪六七十年代。

学制为初小（一至四年级），生源来自本村，还有附近村落，如黄沙坑、牛角龙、羊母帐等村及大万村民的亲戚。羊母帐村人、原东江纵队干部、广东省水利厅领导干部石坚（原名石炳生）曾就读过该校。第一任校长、秀才出身的彭信臣为学校题写了一副对联："明知军政时期，非优异技艺，休向武台求战术；新建国民基础，为养育人材（才），启荣华族赖生存。"（曾培德等老者提供，彭信臣何处人不详）这副对联的历史背景是军阀混战时期，有一定的时代意义，充分表达了一个小知识分子的爱国情怀，对军阀统治的憎恶，培育人才的重要性和艰巨性溢于字里行间。真是无独有偶，无巧不成书，1949年的"双十节"，在教的是本村一位名叫曾德章的先生，在校门贴出一副对联："明世界顺潮流处处讴歌同纪念，新时代遍湖海翩翩起舞共欢呼"。

1938年10月12日、11月22日，日军先后在大亚湾、大鹏湾登陆，坪山沦陷。1939年8月，日军再次进犯深圳等沿海地区。1941年"走日本仔"（被日军侵略地区的百姓，在日军到来之前携家带口，带上粮食逃到深山，以此逃避被日军杀害、奴役的命运），明新学校一度停办。日本投降前，日军一度封锁坪山墟，把墟日（农历上、中、下旬每逢二、五、八）集市设在明新学校前面，笔者和小伙伴曾楷、奕存等曾到墟场捡香蕉皮吃哩！

1944年下半年明新学校复办，村人曾汉生一人当老师，全校一至四年级共几十人同在一个课室，老师轮流讲课。学费由大众（村里）公偿田收取租谷给老师（按一学期多少担或石给付）。

1952年明新学校由人民政府接管，成为公立学校，改名为大万小学。学生人数激增，至1950年代末1960年代初曾增设高小。学生最多时达到二三百人，教师四五人。1982年撤销大万小学，并入坪山中心小学。此后，校舍周边部分被私人盖了房子，校舍变成仓库、厂房……年年月月，月月年年，这座大万子孙的知识摇篮，像个孤独老人，陪伴着古老围屋屹立不倒；"明新学校"四个字像四只疲软的眼睛，企盼着后起者注入新的血液。明新学校——大万小学，风风雨雨，为国家培养出一批批有用的人才。

大万世居被列为文物保护单位的同时，明新学校也在该保护范围之内。2012年起经过几番修葺，先后辟为大万老人活动中心、大万麒麟馆和健康游

明新学校（摄于1997年）

明新学校新对联（曾观来2019年撰，见正文）

乐场、大万世居国学馆。2019年被坪山区辟为“坪山城市书房·大万明新学馆”，内设藏书室、阅览室，有专职管理员，采用信息化管理。笔者为之撰了一副新春联：

明德良才学成效国

新民睿智校毓兴家

先后在明新学校（大万小学）当过校长或负责人的有：彭信臣（籍贯不详）、曾汉生（大万村人）、廖许（牛角龙村人）、曾德彰（大万村人）、张远禅（龙岗六约村人）、何观友（石井村人）、黄国荣（归国华侨，籍贯不详）、杨湘荣（竹坑村人）、江佛（赤坳村人）、廖仕宽（牛角龙村人）、林小芳（汤坑村人）。

其他附属设施

沙墩陂：水利工程，大万祖先修建，建筑时间不详。在大万围屋东面100多米处，长约200米，宽七八十米，最深处三四米。分两条农田灌溉水渠，东边上渠，向军田、鹤湖浪等村供水；西边下渠，专向大万供水。

大山陂：水利工程，大万祖先修建，建筑时间不详。在沙墩陂上游约2000米处，向多个村落供水。1958年扩建为中型水库。现为饮用水。

风水塘：即围屋前之月池，呈半月形，直径80米，面积为2000多平方米，平均水深1.5米。围屋内排水通过地下管道流入水塘。2007年以来经大力整修，新筑塘堤，清除塘泥，装上大型水龙头，种上莲荷，加设护栏，成为大万观光一大亮点。

风水石：在风水塘边南北两头竖立一块麻石，据说用于保平安。

旗杆石

旗杆石：石块，在围屋的左前方竖立3对、右前方4对，共14块。每块高约1.5米，宽约0.4米，上有0.1米见方孔眼，两块面对相隔0.5米成对。据称是庆典升旗用。现在所见的左前方一块为原品，“光绪”二字隐约可辨。其余均为复制品。

油榨塘：榨油作坊，即油厂，在坪山墟有如保安堂、同义昌等，在围屋南面几十米处亦有一间，油榨塘1980年代才被填。

糖寮：即糖厂。原在新大门右侧，新中国成立后停办。

桃子园：在沙墩陂脚下潭北边，斜陂河跌死牛西边，是一片旱地，旧时栽种果树及耐旱植物。其周围沿脚下潭上，斜陂河边，下陂圳边，环绕一条天然的种类繁多的林带，构成一个幽美的自然生态环境。新中国成立前在这里开过标厂，标文用《千字文》前面120个字。买标方式：识字的人用纸笔写出标文中的任意八个字，不识字的人用香火点标文中的任意八个字，交给带标的人。中标标准：以现金兑现，中五个字为最低奖，中八个字为最高奖。奖金额度根据标主每期奖金总额多少而定。

树山仔：在大万世居右前方约七八十米处，三面被水田环绕形成一土丘，面积约有两亩，新中国成立前种有很多树木。据说这里曾经养有一对凤凰鸟，是一处风水宝地。

灰窑：在石陂口东北面附近，这里曾经有一座烧石灰的窑，兴废时间不详，据说是绥利房人开办。

横陂仔：在大万世居的西南面有一大片水田叫“大闹（造）田”，泉水很多，因此开一南北走向渠道排水，叫“对面塝”，使单造田变成双造田。“对面塝”下游末端地势很低，因此筑一个小陂头，叫“横陂仔”。一可蓄水防旱，二可防止水土流失。溢洪道用麻石砌成，约有六七米长。溢洪道旁边装有暗涵，供水至附近几亩水田，或流经火灰箩出猪仔塝，再汇入坪山河。因此，只要不下特大的雨溢洪道不会溢洪。是汤坑、黄竹坑、沙湖、东心陂、牛角龙等村民往坪山墟的必经之路。

军田桥：麻石桥，大万世居构筑，在老军田村西边军田河上。宽约0.6米，长约20米，是上述村民及大万村民往坪山墟必经之路。上游发源于马峦山，每逢下大雨必浸桥。1960年代筑坝蓄水，建小水电站。现改造成环保水泥路桥。

土地伯公

土地伯公即土神和谷神，古代合称“社稷”，后用作“国家”的代称。大万世居供奉有十多处土地神，其当时拥有的土地由此可知。现已不存在。

围主伯公（亦叫陂头伯公）：在沙墩陂脚下潭一土堤上，是一护陂神阁，俯瞰深潭，地势险峻。

护陂石碑：在沙墩陂堤坝上，竖立于一灰沙墩上，碑刻“南无阿弥陀佛”，警示人们此处有惊险，化危险为平安。

竹头伯公：在沙墩陂上端东渠上边，护陂神。

桃子园伯公：在桃子园东边河岸上。

牛王爷伯公：在树山仔西边尖端，保护耕牛平安耕作。

军田伯公：土谷神，在军田河圆潭西岸，三面用砖筑成，不封顶。

斜陂伯公：在斜陂河西岸，是这一河段及这一片土地的土地神。

大王伯公：在大万世居东南边，这里有大片旱地，是这里的土地神。

灰窑伯公：在灰窑废址一土墩下。

石陂口伯公：在石陂口一棵大榕树下，此地是一“分水岭”：西向一渠道流向黄沙坑、蕉头下村农田，北向一渠流向大万村农田。

松树伯公：在岭背龙山山腰，是一棵虬枝繁茂的古松，是这里的山神。

大万世居的**民情风俗**，有其独有的，也有与他村大同小异的，构成一村的**传统民俗**文化。这些民俗，有的已**自行消失**，有的还保**留着**，但与旧时不尽相同。

第五章

民　　俗

时节习俗

春节：俗称过年。进入农历十二月中旬便做准备，如做新衣服、买新鞋新帽、理发等。农历二十五日叫“入年卦”，为送灶君上天庭之日，主妇在灶君神位前烧香点烛，委托灶君向玉皇大帝报告一年来的善行，并代为本宅祈求赐福。妇女开始忙着摘茶果（糕点）叶，做茶果，做米通，炒花生等。从这一天起，有许多禁忌，如不准说粗话、撒谎等。农历二十八至三十日上午，洗家具，做清洁。

年三十（除夕）：上午贴门神（春联），下午开始过年，接灶君入宅，劏鸡杀鸭，用三牲（原指猪、牛、羊，大万用的是阉鸡、咸鱼、猪肉）、茶酒等拜祭天地、祖先。晚餐一家吃团圆饭，外出的家人无要紧的事都要回来。外人则不会接受请吃。是晚，全家人要用“大吉水”（用柚叶、橘皮、石姜符等煮成）洗澡，边洗边说几句吉利的话。洗完澡后，穿新衣服，长辈要给小辈们压岁钱（利是）。入夜，家家户户开始点年光灯，日夜不熄，直到正月初三。

除夕午夜时分，村民要到祠堂烧香，俗称烧头香，各家户主到祠堂去烧香，然后各家各户在自家门前放鞭炮，送走旧的一年，迎来新的一年。

屯兵：年三十晚，在大万世居还有一种不成惯例的习俗，叫“屯兵”。遇到年景不好，天下不太平，盗贼会乘机而起。大万世居在兴旺时期比较富裕，所谓“富甲一方”，一年到头积蓄更丰，便成为盗贼团伙抢劫的主要目标。如果事前听到有这种风声，大万村民便在这天晚上在家里用饭甑（一种专门用作蒸饭的大木桶）蒸饭，叫“屯兵饭”。饭蒸熟后，扛到祠堂集中。

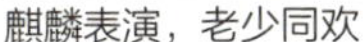
麒麟表演，老少同欢

少年武术队

派人在四面楼阁严密监视。武功人员（此处指会武术的人）整装以待。屯兵饭用的是丝苗米，特香，可以吃几天。正常年景下不会有这种集中活动。但已经形成一种传统，一般家庭条件中等的人家，到年三十晚都会蒸“屯兵饭”。这一习俗在新中国成立后逐渐消失。

年初一：这一天有许多禁忌，如不杀生，不扫地，不探亲，忌接亲，不在本村本宅拜神，忌送钱物给别人（即“屯财”）。午餐不吃荤，要吃素，素菜以粉丝、红枣、腐竹、油豆腐、金菜、生菜等为菜肴。这一习俗据说是沿袭五十四派兴宁开基始祖广新公“力修善行，隐德不仕，光前裕后，瓜瓞传芳”的传统。这种习俗，现在有些人家还在沿用。

拜老祖：在大万世居有一个特别的传统习俗——年初一拜老祖。这一天早上，全村男女老少，挑着三牲，带上香烛鞭炮，排着长队，麒麟锣鼓作前导，浩浩荡荡去拜老祖。先拜龙背坪山开基祖简辉公祠，继拜三洋湖元恭公祠。近年来还拜石灰陂上、下屋宗祠（大万传周公的长兄和一弟之祠）。下午，麒麟队向各家各户拜年。

年初二：亦称过大年。上午，全村家家户户集中到祠堂拜祖公，有“考三牲”大（“三牲”即阉鸡、咸鱼、猪肉，此处特指阉鸡）的说法。在旧社

大年初二，全村统一祭祖，各家将三牲祭品预先摆好

祭祀完毕，妇女们挑着祭品依次走出世居各自返回新居

会，即使再穷，也要备好一只又肥又大的阉鸡。祭仪统一时间，由长老主祭。新中国成立前，笔者见识的一位长老是村里辈分最高且较有文墨的人，叫曾德章（*花名庭官*），他主持完了，便一边大声地喊，一边用手比画着：紫气东来！

新中国成立后这种仪式逐渐消失。改革开放后，1980年代中期起逐渐恢复。村民生活得到很大改善，祭品比旧时丰富得多，仪式更为隆重。先由麒麟参拜。由三位辈分或年寿高的长者分别担当主祭、礼先、执事，负责整个仪式。主祭宣布仪式开始，礼先宣读祝词。祝词读毕，向祖先敬献祭品，执事按主祭的提示叩拜，依次敬献祭品。在整个过程中，要完成向祖先“三献九叩”。各家祭主站在自家祭品之后统一执行仪式。

2003年以来，大万世居得到政府进一步重视，年初二拜祖公更加隆重。2008年大万麒麟队有三“棚”（只）麒麟，配合锣鼓在牌楼下向村民们进行表演，然后进入祠堂参拜祖先，热闹非凡。

笔者填词《燕归梁 · 祭祖》以记：

骀荡东风紫气盈，绕转门庭。呢喃窠里庇嘤鸣，梁归燕，栋肩瓴。

沧桑岁月无须问，续香火，祷前程。三牲流庆慰先灵，瞻老祖，喜重生。

年初三：“穷鬼日”，不出门探亲访友，家家户户打扫这几天的垃圾，叫“送穷鬼”。现在好些人家仍然执行。

年初四：探亲日，出嫁妇女纷纷回娘家探亲，有的带着儿女，有的由丈夫陪伴。

年初五：“出年卦”，农民开始新一年的农事。笔者的父亲总喜欢翻翻老黄历，若见“雨水” 来得早，他会对着笔者的母亲欣喜地微笑，母亲也会意：春暖，农事来得早。

元宵节：元宵节俗称灯节，在农历正月十五日。而在大万世居传统上没有热闹的活动，“点灯”活动在正月十二日进行，原因没有深入考究。

伯公生：每年农历二月二日为社日，土地伯公生日，简称“伯公生”，村民到军田伯公做社（春社）祭祀，祈求土地伯公保佑当年五谷丰登。

清明节：清明节有做清明茶果的习惯，用艾叶或鸡屎藤捣碎与米粉（黏米、糯米按一定比例）搓匀，芝麻、花生、糖作馅制成。妇女上山摘茶叶。有的家庭大门上挂艾叶避邪。大万世居各家各户传统的祭扫活动不在清明节，而在农历八月至重阳，沿袭至今。但祭扫大众祖先墓旧时有春、秋两祭。

完田节：农历四月初八，春耕农忙结束，酿茄子，家庭条件中等的人家还买猪肉、杀鸭祭拜田伯公。

端午节：农历五月初五，杀鸭加菜，做茶果，包粽子，有甜有咸。小孩在脑壳上搽硫黄，据说可以避邪。晚饭吃得特别早，饭后青少年男子到沙墩陂去游泳，叫洗“五月节水”。大人叮嘱几句：“快快去，快快转（回），冇灾冇难。”

有些人家还有“转会”习惯，娶老婆没有钱，向亲房及要好的人家借钱借谷，分期偿还。五月节要劏狗请吃。

六月六：所谓“小暑六月节，大暑六月气”。农历六月正值大小暑天。六月初六，大万村民都有吃绿豆粥的习俗，中午，去挑村里的龙井水煲绿豆糖粥，加放点陈皮，最能解暑。

七月节：在农历七月十四日，夏收夏种刚结束，故又称第二个完田节。杀个鸭，加餐菜以示庆祝。黄昏，一些人家在门外烧纸钱，谓“送恶神”。

中秋节：在农历八月十五日，节口食品以月饼、瓜果、炒花生为主，比较单调。吃月饼的时间在晚上拜月亮之后。

在大万世居，最热闹的活动莫过于放孔明灯。进入农历八月，大万村有放孔明灯的习俗，附近村落也有，但二者不可相提并论。八月十五这一天晚上放的孔明灯特别大，像一座房子。送孔明灯上天的动力是棉花团蘸煤油点火。动力用油多少依孔明灯体积大小而定。至20世纪40年代末50年代初，大万村放的孔明灯，除携带一条长长的火焰之外，还可承载两卷五万头鞭炮，每卷鞭炮还要系上一个鱼雷。当孔明灯升到一定高度，油量消耗，负荷增大，这时鞭炮燃响，鱼雷爆炸，有“大万世居”四个字下垂，形成了色彩与音响交织的场景。负荷减小，孔明灯继续高升，随着微风慢慢飘远。油烧尽了，孔明灯不知降落何方。有一年中秋节后的第二天，几里路外的外村人捡到大万的孔明灯送回来。

点燃鞭炮的鱼雷用的是香火，时间计算要很准确。设计者是我的大堂兄。

重阳节：农历九月九日为重阳节，大万村民有秋祭的习俗，祭扫大众祖先墓、大房小房祖先墓、各家各户祖先墓。改革开放后，祭扫日不限于重阳节，而更多利用其他公共节假日，如国庆长假。

十月朝：农历十月初一，适逢秋收已毕，有糯谷收成，便用糯米粉做糍粑吃。别无隆重之举。

冬节：在农历冬至日。杀鸭加菜，有的家庭还杀鸡杀鹅，是比较隆重的时令节日之一。妇女们还用长扫帚打扫屋顶。

附大万村时节民谚：正月正（音争），二月伯公生，三月清明四月八，五月节，六月六，七月十四八月半，九月重阳十月朝，十一月系冬，十二月系年，食开（完）年饭讲耕田。

礼仪习俗

婚嫁：新中国成立前是封建婚姻制度，父母之命，媒妁之言。嫁娶仪式按不同格局分多个等次，整个过程十分繁杂。新中国成立后，旧的婚姻仪式已废除，兹不赘述。

生育：产前，产妇忌打钉、修补、扎扫把等。产后，外人一般不能到产妇家串门，还要在大门上挂镰刀、柏叶之类的避邪吉祥物。产妇要“坐月”，一个月内不得走出大门甚至卧室。营养讲究，要进食姜块、甜醋、炖猪脚、鸡鸭蛋，甚至鸡肉泡黄酒。男孩满月后要做满月酒。

新中国成立后，上述习俗已自行消失。1980年代后，营养更讲究，满月酒也复兴，但远不如婚宴。

寿辰：男、女60岁起做寿。寿辰有传统仪式，繁简各自听便。进入21世纪，寿辰观念逐渐淡薄。

乔迁：乔迁俗称“搬屋”“返新屋”，1980年代以前在大万世居内，只有几户人家在破烂屋基上盖新房，1980年代初开始有人在世居外建新房，到1990年代形成了大万新村。不知什么时候起，流传了一套乔迁仪式。乔迁之前先选择吉日良辰。入宅仪式在晚上举行，程序是：入宅前，先请有福气的老人入新宅，屋主全家走出屋外。然后由主妇挑担，男主人或长子提灯（火种），按尊卑次序列队，男主人在外敲门，宅内老人：“谁呀？”宅外：“我是×××，回家来啦。”老人开门，全家入宅，礼毕。次日请村人吃糖丸，午餐宴请亲友，但当年有红事白事者不宜介入。

进入21世纪，此入宅仪式多不执行，但乔迁之宴延续，盛况不等。

丧葬：传统的丧葬仪式十分繁杂，稍微有钱的邀请和尚在祠堂打斋，隆重的做足两日两夜，带有浓厚的封建迷信色彩。1948年村农民协会成立后，宣传破除迷信，废除陋习。但逝者遗体及灵柩安放的位置至今相沿：60岁以上在上厅；不到60岁在中厅；非正常死亡者在下厅。朝外向，男左女右。在外死亡者，不进祠堂（现已改革）。

大万有一个福寿会，遇有老人仙逝，各家都拿一点米到祠堂去抚慰逝者家属，寄托哀思。

大万村民对丧事的筹办很到家，可谓一叫即到，有的人还主动登门或到祠堂协助料理。村中房亲、家属友好，在祠堂陪同家属守灵通宵达旦，善始善终，为他村村民所称道。

祭仪：指全村集体拜祭本族祖先的活动。一是年初二在宗祠拜祭（如前上所述），一是祭扫大众祖先墓。仪式隆重，规矩讲究。

大万村民祭扫大众祖先墓旧时分春、秋二祭，春祭在惊蛰至清明，秋祭在重阳（农历九月初九）至尾阳（农历九月二十九日）。新中国成立后停止，改革开放后恢复，改为秋祭。扫传周公墓（葬龙岗约龙井围附近）、傅氏祖婆墓（葬坪山乌云坪虾公地）、汉津公墓（葬乌云坪鸦鹊坑，即现在坪山大工业区）。汉津公墓堂前空地开阔，故传周公拜祭仪式同时在此举行。旧时拜祭十分隆重，全村老少齐出动，麒麟锣鼓、全猪各种祭品俱全，排着长队，浩浩荡荡。拜祭前先割草、扫墓，接着全体肃立在墓前。拜祭仪式叫“三献礼”（九叩首）。具体如下：

击鼓三通，奏大乐，奏小乐（或麒麟锣鼓呈祥）。执事者恭请本山后土、福德尊神，同堂享祭。主祭者升堂就位，全村嗣孙各就位。主祭者理冠洗涮，盥洗复位。

（以下空格处，是根据当地乡俗习惯、时间及实际情况，进行补充、调整）

（一）维　年，岁次　月　日之吉日良辰。于显始祖　曾传周，字　端义，号　静轩，谥　成惠敦悫。墓前行初献礼。主祭者跪，兴；跪，兴；跪，兴。跪，叩首，再叩首，三叩首，兴。跪，执事者传香，初上香，再上香，三上香，执事者上香，兴。跪，执事者提瓶酌酒，初献酒，再献酒，三献酒，祭酒。执事者献禄，献羹，献春茗，献五牲，献五素，献刚略，献果酌，献祝章，献财帛冥衣，执事者宣读祝章，兴。初献礼毕。

（二）行亚献礼（同初献礼，三改六）

（三）行三献礼　维　年，岁次　月　日之吉日良辰。于显始祖　曾传周，字　，号　，谥　。墓前行三献礼。主祭者跪，兴（嗣孙不起身）；跪，叩首，再叩首，九叩首，兴。跪，执事者传香，初上香，再上香，九上香，执事者上香，兴。跪，执事者提瓶酌酒，初献酒，再献酒，九献酒，祭酒。执事者献禄，献羹，献春茗，献五牲，献五素，献刚略，献果酌，献祝章，献财帛冥衣，执事者宣读祝章，执事者化财帛冥衣，焚祝章。执事者请本山后土、福德尊神复位，兴。主祭者辞神鞠躬。跪，兴；跪，兴；跪，兴。平身，礼毕。

焚化财帛冥衣。奏乐（麒麟锣鼓参拜）。鸣炮。

返回村里，全村男女老少吃大众饭，每席九或十二大碗。

其他习俗

武术：大万世居曾有一股学武风，出于大万世居的防卫（防御盗贼来袭）需要，一批青年男子利用闲时从师学习武术。拳式有：三拳头、四边劈、猪家告（客家音）、散拳、醉拳、滑棍、五爪擒龙、飞檐走壁等。据说初教头是汤坑人，最后一个教头是夜布村的曾观妹。

村人曾谭金学的是飞檐走壁，其弟曾谭先学的是猪家告。两人早出洋。

笔者的父亲学的是四边劈。记得新中国成立前春节后，村里搞了一次舞麒麟、武术表演，父亲表演四边劈，“扎马”时站不稳向后倒坐，惹得众人大笑。他说：“唉！几十年冇练过。”后来笔者恳请父亲教授，他不肯，他说功夫父不教子，是师傅交代的。

锣鼓：武术表演必须有锣鼓相配合，犹如舞蹈必须有音乐。大万世居的锣鼓是很出名的。

大万的锣鼓有三种：一是狮锣鼓（其实是麒麟锣鼓）。供舞麒麟、武术表演用，板式很多，有普通板、参拜板、行板、采茶板、拳板、搏击板等。二是八音锣鼓。锣、钹比麒麟锣鼓轻巧，音色也不同，正规打法，以鼓和唢呐配套。板式有三种，与麒麟的拳板、采茶板无大异，主要是起板、转板、收板不同。三是大锣鼓。钹特别大，故称大锣鼓。节奏、旋律、音色特异，常以几种频率的鼓乐作指挥，有时也配以唢呐，高低急缓跌宕，复杂多变，很是动听。一个板式往往要打一二十分钟，“八音”师傅曾春初打鼓吹笛，曾荣师打锣，曾谦、曾祥贤打钹（两人轮换）。大锣鼓早已失传，八音锣鼓随着八音的消逝，狮锣鼓亦不存在。

麒麟：在深圳，客家地区的舞麒麟与西部地区如沙井、福永等的舞狮子（醒狮）是两种并存的传统民俗文化。大万世居的舞麒麟在坪山地区的历史是比较悠久的，因为在武术表演之前要先有麒麟表演。

听前辈说，大万世居曾经出过麒麟武术队，在正月初五至正月十二左右到同姓或人多的村去拜年、表演兼讨红包。

21世纪以来，大万世居对这一民俗文化比较重视，还派人到外地学习舞麒麟，颇有成效。至2008年，大万麒麟队已有三棚（只）麒麟。武术方面曾经派小孩学了一下，没有持续以恒。

八音：“八音”是一种以敲击、吹奏乐为主，配以红袍、彩旗等，专为各种民俗有偿服务的班式。大万的这种“八音”，在坪山地区绝无仅有。全村曾经有两个“班头”。“班头”遇有人请“八音”，如婚嫁，就临时凑合五六个会打八音锣鼓的青少年应请，叫作“八音仔”。记得是新中国成立初期，笔者刚刚学会，参加过两三次，最远一次是田头村到正山甲村娶新娘，先到田头村过一夜，次日一早出发，来回足有三唐路（一唐约5公里），回家后“班头”只给两角钱，主要是赚了几餐好吃的。后来再没有做“八音仔”了。

拜井神：逢年过节，村民向井神上香拜祭。大年初二麒麟参拜，以示饮水思源，不忘先祖恩德。

分社肉：农历二月二日在军田伯公做社，结束返回村后分猪肉，每家一份。

分寿肉：秋季祭扫大众祖先墓，结束后分寿（猪）肉，60岁以上男人，一人一份。

分丁肉：秋季祭扫大众祖先墓，结束后分丁（猪）肉，男人上16岁分半斤，上60岁分一斤，上70岁分二斤，80岁以上不限。

传公生：农历七月二十三日传周公生日，全村分猪肉，每家一份。

点灯：上一年生了男孩的人家，在下一年的正月要“点灯”，时间是正

大万世居墙上的彩绘，古朴典雅（文靖　摄）

月十二。在祠堂挂上彩灯，直到正月尽。1950年代初期起停止点灯，改革开放后恢复，沿袭至今。

点“趸”：“趸”，形似花瓶，生铁铸成，中空放火药，趸口以硬物塞紧，下端有小孔连接导火线。响声震耳欲聋。在隆重的节日庆典时方才点趸，连点三趸。

放火炮：火炮即火铳，铳膛置火药铁砂铁丸，古代主要用以防御。后在大万世居的风俗中，在重要的节日（如端午节）仪式中点放。大万世居的这种火炮为小型，故村民称其为“星珠仔”。

打抬枪：抬枪，形似步枪，长约7尺（约2.33米），很重，要两人扛，故曰抬枪。装实弹，单响，子弹比现在的三号电池小一半左右，杀伤力大，有效射程远超步枪。据曾东来前辈介绍，这种抬枪，他十七八岁那年，守淡水的兵逃走（按他的年龄推算，正是1925年广东叛军陈炯明部被国民革命军东征军追剿败弃淡水城），村民曾甲等十几个人去抬回来的，有七八条和多箱子弹。在隆重的节日（如端午节）仪式中，向着远处的山岭打抬枪，以壮声势。抗日战争时，被抗日游击队借去两支用来打击从大鹏湾入侵的日本战舰。“走日本仔”时丢进池塘里，新中国成立前夕还打过，后来不知下落。小孩子们还经常在新门楼旁的三角间和水塘里找到过子弹，撬开弹头取出里面的火药来点火玩。

七月七水：大万龙井水质好，农历七月初七中午十二时，到龙井取水，装在瓦罐里，长年不会变质，冲柠檬水喝解暑祛湿热效果特好。原因一直无人破解。

农耕拾遗

自1980年代末至1990年代初，大万世居数千亩田产和众多的水利工程设施，已成为历史的陈迹，曾经陪伴这个世居几近十代人休养生息的生产工具和生活用具等亦随之远去。国家文物保护政策颁布后，大家着手搜集，数以百计的耕作农具和生活用具展现在祠堂里。

祠堂分三进，每进的两侧各有长廊形的民宅，两头有门。有的为大户一家居住，有的两兄弟分家居住。这些住户居民，有的早年外出；留下的，自1980年代起陆续在围屋外盖新房迁居。2005年开始，围屋所有私人房子被政府有关部门租赁。祠堂两侧的长廊形民居被改为六个展览室，展示旧日大万村民农耕时的生产工具和生活用具。

每当笔者进入这些展览室，都会回忆起屋主人的一些故事，甚至引起深深的怀念。如在第二展室，原住着曾子祥，早年单身，颇懂文墨，教过书。小时候常到他家里听他讲故事。笔者小学毕业后因家境困难辍学，他几次到家中劝说笔者的父母要继续供笔者读书。后来笔者外出读书、就业，一直是他帮笔者的父母代笔写信邮寄，还附带写些古诗词，对笔者帮助启发很大。有“囍”图照的那间屋子就是他生前住过的。

三展室原主人曾祥基的儿子曾光比笔者大三岁，却是我们少年时的死党。那次他组织“五虎队”小鬼班，使我们很小就懂得参加革命部队的光荣，后来他说带我们去参加游击队，结果去不成，反遭老师打。真是成也萧何，败也萧何！

在第五展室，原居宅大门贴过一副对联：“多福多寿多男子，越富越贵

犁

耕牛

掂插：播种、施肥的工具。趟耙：晒谷收谷的工具

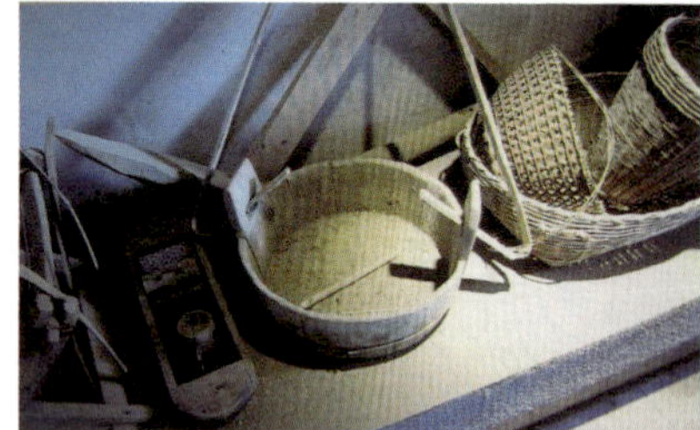

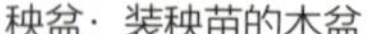

秧盆：装秧苗的木盆

风车，又称风柜

碓：除谷壳的工具

石磨：磨豆腐用

炉灶

谷物量器：干谷 1斗相当于10司码斤（约12市斤）。10斗为1石，即120市斤；两大箩约为1担，相当于120市斤（此处担是笼统的概念，装满与否重量不同，装满并隆起一担干谷就有120市斤。斗、石亦如此）

谷磨

酿酒器具及流程

渔具，捕鱼的竹制工具

摇篮，婴儿的卧具

起安康。”在旧社会，生五男二女是最荣耀的。屋主人曾富来有五个儿子，按体统被列为大户人家，现在这个展室里还存放着他儿子用过的摇篮。他很有杂才，出口成联：“红雄何记炮梅水，蛇就猪如江喜南”，很工整的一副对联。上联七个字刚好凑成第四展室原居宅一家人的名字，下联凑成两家人的名字。几十年来，笔者每和他见面时，总爱对着他叨念、逗笑，他努着嘴，用手挡着细声地说：“不要给人听到挨骂哦！”

在第六展室，原住着曾春初，很会打鼓吹笛子（唢呐）。逢年过节打大锣鼓，都是由他负责打鼓吹笛。他还是个“八音”班头。有一次，大万村去汤坑娶新娘，笔者跟了班，一手提锣，一手拿布锤，穿着红袍，嘭嘭嘭……有一唐多路，行得够呛了。两天后，春初只给了笔者两角钱，笔者用打油诗撩他：春初哥，孤寒魔，屎忽坐……以后他不再要笔者跟班了。那些大小板鼓、笛子、八音锣鼓、红袍等，是非常珍贵的文物，可惜不知什么时候销声匿迹了。

在新民主主义革命和**社会主义建设时期**，大万世居都曾经有过**辉煌**的一页，1950年被县政府授予『**模范村**』光荣称号，1953年获县『**模范合作社**』光荣称号。大万村民为此作出了积极的贡献。**1986年，**大万村被深圳市民政部门定为**革命老区自然村**。

第六章

模　　范　　村

家乡沦陷与逃难

1938年10月、1939年8月，日军先后在大亚湾、大鹏湾登陆，惠阳、宝安沦陷。城堡式的大万世居，有人把它比作现代诸葛亮“八阵图”，又有人把它比作迷宫。抗日战争时期经常有游击队在此活动，日本鬼子经常进村骚扰。在笔者朦胧的记忆里，有一次鬼子进村，幸好父母外出劳动去了。奶奶把门闩上，带着我们姐弟俩在楼棚躲避，鬼子疯狂地猛力推门，我们吓得全身颤抖。鬼子没有推开门，走了。侥幸躲过一劫。“天阿公保佑，真命大啊！”奶奶回过神后说。

听母亲说，1941年走过几次日本鬼子。有一次很惨，大部分村民没等日本鬼子来到，闻讯趁夜提前逃走，少数没走的有的遭殃了。

笔者的父母亲带着家人和村里的一伙人逃到马峦山的嶂顶村。到了白天，父亲偷偷地回村，从大墙外曾容秀的“生窗”爬进屋里去，回家背粮食出来。毛牛（*花名*）说他家的母猪产了几只猪崽，要回去看看——遭殃了！待到傍晚，没有逃走的繁祥（*花名盲祥*）气冲冲地跑上山来对众人说：“不好了！不好了！毛牛被日本仔杀了！”他叙说着，原来他躲在喜嬷楼阁上，从小窗口望出去，只见两个日本兵连推带拖把毛牛弄到池塘边一块麻石上跪着，一把大刀砍下去，人头落地，然后用刺刀把尸体挑进池塘里……“哎哟！惨不忍睹啊！”繁祥颤抖着。众人哀叹，毛牛妻子梁婆哭得死去活来……

接下来是一次大逃难，许多村人走到溪涌、小梅沙隔海对面的香港新界荔枝窝、梅子林村，这里都是客家的人，收留了我们。父母亲带着我们在梅子林住了几天后，母亲又带着笔者跋山涉水走了两天两夜，来到屯门大姨母处。父亲到了粉岭后与我们分别，替“牛贩佬”（做牛买卖的商人）牵牛挣钱糊口，不久也来到屯门和我们会合，在大姨母与人合伙的腐竹厂帮工。这时的屯门是个农村。

奶奶和姐姐另走一路，不知下落。

过了不知有多久，打听到陆续有人回乡。父亲也说要回去。腐竹厂厂主和姨母都劝他留在那里做工，他偏想着家里有几亩田地，硬是带着妻儿回老家。听母亲说回程也是走的小路，到溪涌对面和另外几个人共乘一条木船过来。船快到岸时，一阵大风吹来，船打侧，半罐米掉到海里去了，好几个人都呕吐，笔者紧紧抱着桅杆，母亲说我一点都不惊。人下水走到岸上。上了马峦山，再到红花岭。大人们齐声喊：那不远的是大万围了！像堆牛屎，乌弄弄（客家方言，指黑糊糊）的！

回到家里，见到奶奶和姐姐。原来，奶奶带我姐姐在嶂顶下的黄竹坑村外婆家躲藏了几个月。奶奶哭诉着说：家里的谷物被狗日的全搜光了，洗澡房里一堆堆粪便……

日本鬼杀死毛牛的那块麻石躺在池塘边，仿佛还残存着斑斑血迹，诉说着一个中国无辜百姓的魂冤！

这一年，池塘里的鱼特别大。到了冬天，池塘水浅，塘鱼经常浮出水面。一次村民网鱼，网起一条特大的鲩鱼，蹦起来和小孩一样高。劏了分，好些村民说是毛牛返生，都不敢要。往后，每到夏秋月色明朗的夜晚，我常与村中小兄弟在日本兵杀死毛牛的那块麻石上躺着乘凉，母亲一知道就给拉回家去，口中叨念着“远隔千里！”。

在“走日本仔”的时日里，除毛牛外，还有彦四等另外三个男人被杀死。曾祥敬（俗名系敌）在从坪山墟回家的路上被日本飞机的机关枪射中大腿，残废终身。

中楼（魁星楼）和东北角楼阁被烧了一截。村民们的财物遭劫惨重。

八十年的沧桑岁月过去了，那块麻石还刻记着日本侵略军屠杀中国人民的血腥罪证！

天灾和瘟疫

史料记载，民国三十二年（1943年）广东发生大旱灾大饥荒，潮汕地区尤烈，饿殍遍野。《宝安县志》（1997年版）在大事记里记载："大旱，大饥荒。"坪山地区也无例外。吃了稀饭吃糠粄，糠粄吃光吃树叶（当时能做粄的一种树叶叫蚕果叶），吃黄狗头（一种药用植物）……后来连树叶都没得吃，加上瘟疫流行（有传闻是霍乱，也有说是鼠疫），死人不少。笔者的一个亲房孤儿名叫"友仔"，活活饿死了。房人用几块木板钉成棺材把他埋葬，笔者的父亲是得力的抬手。

在大万村对面东心陂附近的田段上有一个地方叫"园猪路"，有一间斋堂，有个巫婆，四处游说：时年不好，农历七月七日有牛头马面下凡放毒。附近有些村人去斋堂烧香、包利是钱，祈求消灾脱难。

坪山墟有间关帝庙，传说关老爷很显灵，村里也有人请人抬着纸篾做的关老爷游乡。

新中国成立后，人民政府取缔"反动会道门"。原来那斋堂是"一贯道"的，巫婆是道徒，给抓了。

几十年后，村民一提起 "民国三十二年"都会毛骨悚然!

1949年下半年坪山中学开办时，关帝庙暂作校舍用。坪山中学搬迁后，关帝庙被人用作店铺。2019年被坪山区政府修葺辟为文史馆。

无辜入狱

日本投降前作垂死挣扎。有一天日军又来突袭大万村。有来不及逃走的一群青壮年男人被集中到围屋外晒谷场。笔者和几个小伙伴以为“皇军”又派糖果饼干给小孩子吃了，便围上前去。突然，一个日本兵一挥手，大喝一声：“有！大大的有！”赶着一群男人走。一个穿便衣的汉奸说：“小家伙通通来！”那日本兵做了一个手势，汉奸又说：“皇军说小孩不用来。”那群男人计有：祥敬、谭胜、观生、新福、火生、同安、富来、寿来、祥兴、少珍及笔者的父亲水养等十几人。

这群大万男人被押到坪山墟一间屋子里（后来的坪山联合诊所）坐牢，在监房里受尽折磨。敌人对他们使用了毒打、灌水、吊手指公等酷刑进行逼供。但是没有一个人肯承认自己参加过游击队，有亲属在游击队，有游击队藏在村里。一个多月后，有一天，一个日本兵进来对大家说了两句日本话，大家听不懂，就问曾同安。同安在香港读过书，懂得一点英语，大家以为他也懂日本话。同安做“翻译”：“明天通通出去，只有一个杀头喔！”众人惊愕，互相猜测，会是谁呢？最后猜是观生（花名阿番），因为受审时他最“反蛮”，被吊手指公。

这时，日本人知道大势已去，日本侵略军在中国的各个战区战场已全线崩溃。结果被关押的人全都放出来了。曾同安那句话有没有听错，谁也不去理会了。出狱后，个个骨瘦如柴，春耕也误了，但他们坚守了大万村民的忠贞气节。

投身革命

在革命战争年代，大万世居有一批优秀分子投身于革命队伍。截至新中国成立前，大万村民参加革命部队的有20多人，平均年龄20岁，有的甚至为革命而献身。他们为革命事业作出了不可磨灭的贡献。笔者从《大万曾氏重修族谱》人物篇中摘录十几位如下：（资料由亲属提供，曾嘉腾组织编辑，曾观来终稿，收入本书时有修改删节）

曾寿隆：1900年出生。1922年参加香港海员大罢工。1925年参加省港大罢工（担任纠查队员）。1930年加入中国共产党。他以海员为身份，团结教育海员，反对帝国主义和封建包工剥削制度。1940年在南洋向华侨筹款接济广东东江抗日游击队，并试图组织马来西亚中国海员工人工会，被新加坡英国殖民当局逮捕入狱，最后被驱逐出境。回国后在延安工作学习。1946年任太行区总工会主任。1949年任中国海员工会华北区委员会主席。1955年10月19日病逝于北京，获授革命烈士称号。葬北京八宝山革命烈士公墓。

曾寿隆，中国共产党早期的海员工人领导干部

曾福：又名曾福如。生于1923年11月。儿时在家乡读书至小学毕业。约于1940年随母亲、哥嫂到新加坡，协助哥哥管理父亲曾庆文创下的产业（橡胶园）。1941年年初从新加坡回到家乡，组织儿童团，并任团长（大万村第一任儿童团团长）。1942年6月参加广东人民抗日游击总队

（1943年12月2日改称广东人民抗日游击队东江纵队，简称东江纵队）。先后任部队首长通讯员、警卫员、战士。后任东江纵队一团二营机枪连连长。1944年加入中国共产党。1946年随部队北撤山东烟台，后任两广纵队二团二营三连连长。1947年参与鲁西南战役，英勇顽强，坚决执行命令，在秤锤山陷落后，带领连队冲锋在前，夺回全部失地，因此立一等功。1948年随两广纵队参加淮海战役，胜利完成阻击敌人任务，立一等功，被评为战斗模范，并被委任为两广纵队二团二营营长。此后随部队南下，直到广州解放。新中国成立后，一直在中国人民解放军部队任职。1955年获授少校军衔。1959年12月在广州病逝，时年36岁。1983年7月获革命烈士称号。

曾福，参加东江抗日战斗及解放战争，英勇作战，屡立战功

曾基：又名曾企。生于1925年农历七月二十三日，10岁读小学，14岁在家耕田，在菜楼做工。这期间受抗日爱国思想影响，积极参加抗日爱国宣传活动及为游击队做些外围工作。1944年3月，参加东江纵队，当过交通员、油印员及油印室负责人。1946年东江纵队北撤，曾基留守家乡活动。1947年返回惠东宝人民护乡团，在司令部当服务员。1948年5月加入中国共产党。1949年6月，任中国人民解放军粤赣湘边纵队二连指导员。1950年任营教导员。1954年转业到佛山市工作，先后任市法院院长、市人民委员会办公室主任、升平公社党委书记、市委办公室副主任、市木材公司党委书记等职。1997年被定为正处级干部。于1999年7月14日在佛山病逝，享年74岁。

曾基

曾志强：1931年出生。1944年参加革命。1948年加入中国共产党。1944年至1950年期间，先后在东江抗日游

击队、香港地下党支部（中共）、香港华商报、粤赣湘边纵队司令部、广东省政府办公厅、广东军政大学等部门学习、工作。1950年至1985年，先后在广东省公安厅水上总局珠江分局，广东省公安厅治安处、消防处，广东大宝山政治部工作。1985年7月在广州逝世，终年54岁。离世前任广东省公安厅消防总队处长。

曾志强

曾祥煌：又名曾煌。1921年生。1944年参加东江纵队。1946年加入中国共产党。1946年东江纵队北撤烟台后，他留守地方，后返回粤赣湘边纵队，曾任某连连长、手枪连连长。广州解放后，转业到广州市公安局，负责刑侦工作。20世纪60年代先后在广州阔塞厂、日杂公司、木器公司、广州市海珠区工业部、广州市供销社等部门任办公室主任、部长、党委书记等职。1980年在广州病逝，享年59岁。

曾祥煌

曾伟仁：生于1921年。1930年至1936年在校读书。1937年在家耕田，这期间受抗日爱国思想影响，积极参加抗日爱国宣传活动及为游击队做些外围工作。1942年参加东江抗日游击队。入伍后曾任独立中队副中队长。1945年加入中国共产党。1946年任东江纵队连长、营长等职。1952年转业到广东省茶业公司任秘书科长，后调海口市外贸局当经理。1980年病逝于海口市，享年59岁。

曾祥文：生于1912年6月。幼年时在家乡读书，初中毕业后在家务农。1930年前往香港行船当海员。1948年回家乡任大万村农会（中共基层组织）主席，为本村减租减息做了大量工作。1949年年底再次前往香港当海员，加入中共地下组织。在这期间，积极参与香港海员俱乐部活动，配合在香港的中共组织，做好海员团结教育工作，帮助海员树立爱党（中共）爱国的思想。同时还利用海员身份，奔走世界不少国家和地区，为国家安全做了大量有益的工作。直至20世纪80年代才退休回家养老。退休之时，广东省有关部门对他几十年的奉献给予充分肯定和物质上的奖励。终于2007年，享年95岁。

曾祥文

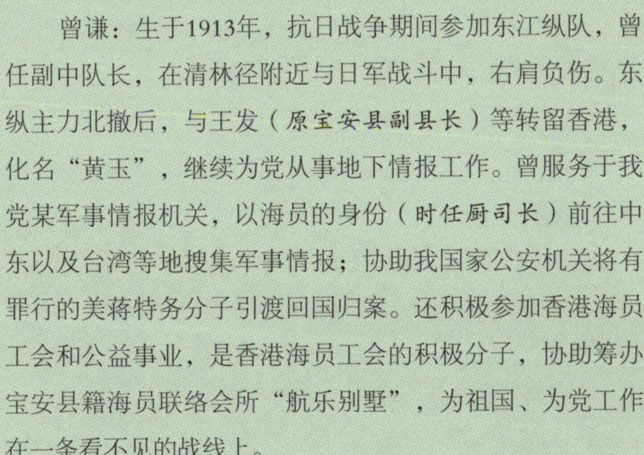

曾谦：生于1913年，抗日战争期间参加东江纵队，曾任副中队长，在清林径附近与日军战斗中，右肩负伤。东纵主力北撤后，与王发（原宝安县副县长）等转留香港，化名“黄玉”，继续为党从事地下情报工作。曾服务于我党某军事情报机关，以海员的身份（时任厨司长）前往中东以及台湾等地搜集军事情报；协助我国家公安机关将有罪行的美蒋特务分子引渡回国归案。还积极参加香港海员工会和公益事业，是香港海员工会的积极分子，协助筹办宝安县籍海员联络会所“航乐别墅”，为祖国、为党工作在一条看不见的战线上。

曾谦

曾谦顾大局，曾分别于1963、1964、1965年三次谢绝组织上安排全家迁移广州。他热爱祖国，先后将四个儿子从香港送回家乡。并经常教育他们爱国勤奋，尊老爱幼，要以雷锋为榜样。当祖国西南边境遭受侵犯时，他毅然送子应征入伍，参军奔赴前线。他对家乡父老情深义重，每年从香港回老家休息，必定拿出部分钱请电影队到本村放映一至二场电影，让村中男女老少分享欢乐。1982年10月在深圳病逝，享年69岁。

曾继林：生于1922年8月。少年时期在家乡小学读书。1945年2月参加广东人民抗日游击队东江纵队，同年9月加入中国共产党。历任战士、班长、排长等职务。1946年5月在博罗黄麻坡战斗中负伤。1946年6月，随部队北撤山东烟台。1948年参加淮海战役，以后随部队南下，参加解放华中、华南的战斗。1951年从部队转到地方工作，分别在佛山市、中山市邮政系统和水上运输系统任领导职务。1972年因身体致残，被定为二等乙级伤残军人。离休后居住深圳龙岗，后续不详。

曾柏生：生于1928年9月。高小文化。少年时期受进步思想影响，于1943年11月参加东江纵队，曾任交通员、油印员。1946年东江纵队北撤后，留守家乡活动。1947年返回惠东宝人民护乡团任排长、军事参谋、税征员等职。1949年6月加入中国共产党。1956年7月转业到地方，在韶关钢铁公司大宝山民工连当连长、警队指导员。1962年任曲江县税务局白土公社税站站长。1982年调回深圳市（宝安县）坪山税务所工作，1989年离休后定居大万，2018年去世，享年90岁。

曾观荣：生于1929年。青少年时期参加儿童团。1947年参加游击队。1950年加入中国共产党，同年调惠州镇政府工作。1951年至1952年任惠州搬运公司经理。1953年至1961年，任惠州第四办事处支部书记。1962年调惠州市郊区公社工作，任公社社长。1972年任惠州市农林水电局局长。1985年离休，后定居大万。终于2013年，享年85岁。

曾观荣

曾继兴：生于1930年9月。1944年2月参加东江纵队，时任通讯员、战士等职。参加过抗日战争、解放战争、抗美援朝战争。1950年加入中国共产党。1958年转业，在惠阳县澳头水产站当站长。1980年调至宝安县供销社工作，历任石岩镇供销社主任、宝安县供销社副主任等职。1990年离休，定居宝安。2010年病逝，享年80岁。

曾伟成：又名曾奎。生于1930年10月。青少年时在家读书种田。1948年3月参加中国人民解放军粤湘赣边区游击纵队。1950年任海南某部队集训队刺杀教员、排长、侦察科参谋。1956年至1958年，在北京测绘学院学习。1964年参加海南岛文昌县剿匪战斗，光荣负伤（持省民政厅颁发十级残疾证书）。1965年任海南某部队侦察科参谋（大尉军衔，营级）。1966年转业，任广东英德县公安局教导员。1970年调任广东梅田矿务局三矿党委书记。1979年调任深圳市建委办主任。1982年调任深圳市公安局六处处长。1991年离休，后定居大万。终于2013年，享年84岁。

烈士曾慎言：又名河龙。1921年出生。1944年参加东江纵队，成为手枪队员，1946年在鹤山被捕，英勇就义。无后嗣。（民政部门提供）

烈士曾华昌：1924年出生。1944年参加东江纵队，1947年在惠东多祝战斗中牺牲。护乡团战士。无后嗣。（民政部门提供）

成立党、团组织

在抗日战争和解放战争年代，大万世居由于是共产党人和共产党领导下的组织经常活动的地方，大万村民较早接受革命思想，除一批有志青年参加革命部队外，还有不少人在村里秘密加入中国共产党、共产主义青年团，成为国民党反动统治时期的中共地下党员、团员，并成立党、团组织。

至新中国成立前，在大万村先后入党的有：曾学仁、曾祥兴、曾典、曾桂桓、黄玉兰、黄盘莲、罗庚、黄碧玉、黄秀兰、梁玉珍、丘锦容（注：在大万村以外其他地方如部队、香港等入党的不在此内）。

入团的有：曾维、曾光、曾佛佑、曾军来、曾祥镜、曾运唐、曾必松、曾健生、曾令迭等。

组织儿童团

至新中国成立前夕，在共产党员、共青团员进步思想的影响下，大万村曾组织过儿童团。1941年，曾福从南洋回来，在大万村组织儿童团，为大万儿童团第一任团长。1946年，第二任团长为曾基。1948年9月，第三任团长为曾典。儿童团在教育儿童、向儿童灌输进步思想方面起过积极的作用。

笔者参加儿童团是在坪山小学读高年级的时候，记得好像也叫童子军。组织领导人是一位名叫潘易的老师（后来才听说是共产党员）。加入儿童团要自费制作制服，黄绿色的，短裤子，还有帽子，时有集体活动。因为是儿童团员，平时在村里要接受管束。有一次笔者和曾楷打架，每人被大万村儿童团处罚挑十担泥沙瓦砾垃圾填蔗湖（村里的糖厂停办，留下的大坑要填平做篮球场）。几天才完成，以后再不敢打架了。

支援前线迎接解放

在抗日战争和解放战争中，大万世居成为革命部队物资、武器的隐藏地和转运站（特别是解放战争后期，江南支队二团的钱粮武器经常隐藏在大万村里）。村民们经常利用晚上时间翻越马峦山到溪涌、大梅沙、小梅沙一带，把地下党从香港偷运过来的物资转运到村里隐藏起来，再设法转送到部队。敌人多次进村搜查，村民们以“杀头”担保，誓不泄露。“白皮红心”的保长、甲长也为村民们这一行动作了掩护。

曾铜，1948—1950年任大万村村长，积极配合武工队开展地下工作，组织村民支援前线，迎接解放大军南下解放广东

1949年秋，解放战争进入最后阶段。为迎接中国人民解放军南下解放广东，坪山地区共产党（地下）组织战时勤务队（简称“战勤”），支援前线，大万村民如曾皇生、曾健生等积极参加，上前线当运输、救护、担架队员。

与此同时，在青年妇女先锋队（简称“青妇队”，共产党的地下组织）的组织和村干部的领导下，村民们积极行动起来，为集体做好事，办夜校，搞宣传，唱革命歌曲，跳革命舞蹈，改变村面貌，迎接解放。当时笔者正值少年，对新鲜事物很感兴趣，“青妇队”教青年的一个歌舞，曲调很优美，耳濡目染，笔者至今还能唱出其中两段，第一段：“朝晨日出在东边，日落西山望月圆。手把锄镰勤耕作，面朝黄土背朝天。”第二段：“欢喜欢喜梦一场，丰收仓里缺米粮。多少愁来多少泪，一年辛苦为谁忙？”

1950年春，坪山和平解放。人民解放军一个炮兵连进驻大万村，虽然语言不通，但军民关系很好，村里还在桃子园划出几块地给部队种菜。大概是1952年，驻军临走时，有两三个村女还和军干部结了婚哩。

1950年，坪山大万村被县政府授予“模范村”光荣称号。惠阳县《醒钟报》亦作了报道。时任村长为曾同安（曾铜）。

妇女的榜样

新中国成立前在大万村加入中国共产党的村民共有十一人，其中妇女占了七人，她们是：黄玉兰、黄盘莲、罗庚、黄碧玉、黄秀兰、梁玉珍、丘锦容。1950年年初入党的有：黄娇、黄新娣。这些妇女党员在妇女工作，以及为大万建成模范村的过程中起到了重要的作用。

1949年3月，青年妇女先锋队进驻大万村，5月在大万村成立了“妇女会”（共产党地下组织领导下的基层群众妇女组织）。随后，有一批妇女加入中国共产党，这些女党员成为妇女工作的中坚力量。妇女会中的党员干部，如黄盘莲、黄玉兰、罗庚、黄碧玉、黄秀兰等，更起到模范作用。

为迎接解放，妇女们自觉组织起来成立制衣厂，为革命部队缝制军服、做军鞋（千里马），为“青妇队”砍柴做饭。有的还参加运送军需的工作。

做军鞋军衣支援革命部队的制衣厂（修复前）

黄碧玉：第一任妇女会会长。1950年应邀上北京天安门观礼。

黄盘莲：有三个儿子，在抗日战争和解放战争中，她先后送两个儿子参军，在支前运动中，又积极支持二儿子参加“战勤”，上前线当担架队员。1950年被授予“爱军模范”的光荣称号，1951年5月1日应邀上北京天安门观礼。

黄玉兰：在20世纪50年代初的农业合作化运动中，她积极宣传互助合作的好处，配合上级组织，和罗庚一起牵头在大万村组织成立了“群星初级农业生产合作社”，建成惠阳县三个模范社之一（三个模范社：龙岗沙梨园红星社，坪山大万群星社，镇隆大光乡大山下社）。

罗庚：新中国成立前大万村第一批最年轻的共产党员之一，坪山地区第一位妇女干部。1950年任塘岭中心乡支部副书记、妇女主任。1953年任坪山区委委员，先后兼任大万群星初级农业社社长、高级农业社社长，其间，曾被推选为劳动模范应邀去北京参加群英会。1958年任坪山公社党委委员。1959年至1962年任惠州市第三办事处支部书记、副主任。1963年任惠州市桥东公社副社长。1970年任惠州市卫生局副局长。1984年离休。现居惠州。

附一：大万世居历史归属、名称和大万自然村领导岗位设置

建于清代乾隆年间的大万世居，有史记载起属惠州府归善县碧甲司（淡水），为自然村。民国元年（1912年），在县—乡—村建制背景下，归善县改为惠阳县，大万村属坪山乡。1949—1957年，大万村先后属坪山大乡塘岭中心小乡、第四区、坪山乡。其中，1949—1952年，生产耕作方式先后为单干、联耕组、互助组，数户人为一组，设村长。1953年起，先后为初级农业生产互助合作社、高级农业生产合作社，设社长。1958年10月，在人民公社化运动中，坪山改属宝安县，大万属坪山公社坪环大队，村改生产队（一度分为五个队），设生产队队长。1983年7月，撤销人民公社，公社改设区，区公所下设乡政府（乡级政权机构），生产队改村，大万村属坪山区坪环

乡，设村长。1986年10月，区改镇，乡改行政村（非政权机构），村改居民小组，大万居民小组属坪环行政村，设村民小组长。2004年10月，深圳市实现农村城市化，大万村小组改属坪山街道坪环居委会，称居民小组，设组长。2016年10月，街道建置划小增多，大万属马峦街道坪环社区，仍称居民小组，设组长。

附二：大万世居新中国成立前后历任领导人

曾铜：1948—1950年，村长。

曾佛佑：先后任村长、高级农业生产合作社（简称高级社）社长、人民公社生产队长。

罗庚：初级农业生产互助合作社（简称初级社）社长、高级社社长（兼）。

黄玉兰：初级社社长。

曾桂安：生产队长、村长。

曾艳传：居民小组长。

曾利华：居民小组长。

曾锦青：居民小组长。

大万世居第八世孙、本书作者曾观来在一民居中玩弄古董——埕子（坛子）（文靖 摄）

中华人民共和国成立后，国家兴隆，**盛世修谱**。

第七章

族　谱　编　修

旧谱

有道是：十年一志，三十年一谱。话虽这么说，在历史长河中实际上是很难实现的。深圳市（原宝安县）自清代嘉庆年间以来近二百年没有修过志。其间，民国时期有一任县长曾倡议过修志，但因战乱而无果。中华人民共和国成立后，国家兴隆，盛世修谱。1985年年初，国务院发出通知，全国省、市、县成立机构修志。随着修志工作的深入开展，不少地方也兴起了修谱之风。大万世居自第三世起分四大房，俗称：锦记、绥利、五和堂、可堂，没有发现古老的旧族谱传世，后经发掘六七个房谱、家谱，乃上代人之手抄本。说明此前没有修过族谱。这些房谱、家谱虽然单薄不详，亦为当代修谱提供了参考价值 。

《大万曾氏族谱》

大万世居一族之谱的编修工作始于20世纪90年代末期，发起人为曾艳传、曾铜、曾观荣。1996年12月16日，村小组召开村民代表会议，与会人员有曾艳传、曾铜、曾观荣、曾祥文、曾伯闲、曾金、曾华、曾香、曾佛佑、曾谭来、曾祥昌、曾维、曾富来、曾奎、曾琛、罗维、曾辉、曾卫国、曾建社、曾育、曾令强。会议由村小组长曾艳传主持，曾铜、曾观荣先后作了主要发言，阐述了编修族谱的宗旨和内容。会议成立了筹备小组，确定各房资料收集和编写人员。

族谱于1997年年初脱稿，谱名为《大万曾氏族谱》，无付印。今留存下来的是手抄本。该谱人脉资料由各房负责人提供，曾铜公进行汇总执笔。人脉世系上限从第68派坪山龙背村开基祖简辉公开始，下限至1996年年底；收编了曾氏及大万世居的一些文史资料，曾铜公新撰祝文，为后续重修提供了借鉴。由于时间短促，未有充分发动村民特别是外出干部参与和广泛征求意见，内容和编排上单薄纰缪，不尽人意。但是作为一项文化工程新的尝试，不足之处在所难免，瑕不掩瑜。

大万曾氏重修族谱

时隔十余年之后的2008年，大万世居又进行了一次修谱。修谱工作开始前，这个垂暮围屋充满活力的再生，吸引了众人瞩目。重修族谱，成为大势所趋。于是，2007年年年底，由大万部分热心人士与村干部发起，得到村中不少村民的赞同。2008年1月，成立《大万曾氏重修族谱》理事会筹备小组，向大万村民发出倡议书。同月成立理事会和编辑部，制定出工作方案。年初二，利用大万传统祭祖日，召开村民大会，进行宣传发动。同日下午，召开理事会部分顾问和编辑部部分成员工作会议，推举笔者为总编辑，曾嘉腾为总策划。统一思想，统一步伐，修谱工作开始全面铺开。

《大万曾氏重修族谱》人脉世系，上限溯至曾氏起源，重点放在大万世居开基祖至当代，下限至2008年6月30日。根据此次修谱的要求，要编出一部有大万特色的族谱，即在内容和体例上借鉴新方志，较之传统族谱要有所突破，有所创新。为此，全谱设计了人脉、文物、人物三个部分内容进行分门别类，采用编、章、节、目的体式安排序列，便于检阅。人脉世系编是主体，它的作用在于明根悉源，不忘祖族。文物民俗编及其副编传周公传奇，是为进一步挖掘大万的民俗文物传统文化，服务于当代，使之不至于湮没。此举经实践证明有着无可置疑的现实意义。人物编的设置，其反响超乎寻常，吸引了众多视角的垂青，使编者产生了近乎迟来的感悟：这块小小的园地竟也成气候！昔时今日之大万，一脉相承，人才济济，群芳竞艳。正是“半亩方塘一鉴开，天光云影共徘徊。问渠那得清如许，为有源头活水来”。设置本编的宗旨就是用以称颂先辈的功绩，激励后人自爱自强，奋发

《大万曾氏重修族谱》

《大万曾氏重修族谱》一书的总编辑曾观来在该书首发式上发言（曾小曲 摄）

族谱首发式活动，全体村民及来宾欢聚喜吃大盆菜

居住在围屋里的老阿婆（翻拍自大万祠堂第四展厅，曾锦青　提供）

大万世居部分子孙2008年6月合照（翻拍自2008年大万族谱）

大万世居部分长者2008年春节合照（翻拍自2008年大万族谱，曾嘉腾　原拍）

《大万曾氏重修族谱》理事会部分成员合照（翻拍自2008年大万族谱）

《大万曾氏重修族谱》编辑部部分人员合照（翻拍自2008年大万族谱）。前排左起：曾琛、曾露松、曾钦、曾观来、曾维、曾锡基、曾典、曾嘉腾，后排左起：曾锦青、曾军、曾晓明、曾思克、曾利强、曾子由、曾利华

图强。

全谱原定为一辑。在编辑过程中，发现在传周公以前，涓流着一条悠远的历史长河——曾姓的源流，曾氏客族的嬗变，多姿多彩的人文精粹：一本本浩如瀚海的异地同宗《曾氏族谱》展现在编者面前。遵循“不忘祖脉，不忘祖训，承前启后，继往开来”的理念，在千头万绪中，剪裁梳理，分类入编，居然也成了“洋洋大观”，因此分成两辑，由中国文史出版社出版。

大万世居的本次修谱，发动面最广，参与人数最多，入谱子孙最齐，人脉世系最清，内容最为丰富，篇章结构最为科学，达到了编辑同仁的初衷。

2008年9月21日，《大万曾氏重修族谱》举行了隆重的首发式。坪山曾氏宗村以及龙岗、淡水、惠阳、兴宁、五华等地的宗亲组队，敲锣打鼓，舞狮子，恭送礼盒、彩旗、金匾，按照传统仪式，前来祝贺，共庆典式。

大盆菜和大万世居竣工落成时一样摆了五十八席，盛况说似当年，胜似当年。

夺，结果黄帝打败了其他所有部落，炎帝归服黄帝，结成大联盟，统一了中原（中国）。后来不同祖先姓氏的中华民族的后代都通称是“炎黄子孙”（因炎帝先于黄帝，故世称“炎黄”
，至约公元前2000年，夏王少康封次子曲烈于鄫地（在今山东苍山县西北）。曲烈立鄫国，以鄫为姓。“鄫”和“夏”及其他许多的姓均出自母姓，大概与母系氏族因缘有关。以国为姓
），遂于公元前585年，去“邑”（“鄫”的右偏旁），定“曾”为姓，族史称巫公为曾氏定姓始祖。巫公五世孙曾参（曾子，公元前505——公元前435年），继承和发扬了孔子学说，
迁徙是一条长河，那么，大万曾氏先祖的迁徙则是万千分支中的一根涓涓细流。据称，从曾子的第三代起就陆续有人迁出武城。至西汉末，公元8年，王莽篡政。72代15派曾据“不忍国
成为“庐陵旺族”，据公被称为“南迁始祖”，庐陵为中华民族曾氏第二发祥地。传至91代34派，曾珪、曾旧、曾略为三兄弟。曾珪居庐陵吉阳，后徙居永丰县，为“永丰房系”；曾
大万曾氏先祖，其后裔衍居江西、福建、广东、广西、湖南、湖北、四川、云南、贵州、海南、台湾、香港及海外各地。95代38派游立、洪立、宏立三兄弟，从抚州徙南丰，合称“南
”唐宋八大散文家之一曾巩便是南丰人。2002年被公布为省级文物保护单位、遐迩闻名的客家围屋深圳市坪山大万世居祠堂上厅镌刻着一副楹联：“一部孝经贻世业，八家文蕴绍宗风。
南丰世泽启千秋”……活灵活现了“东鲁传经，南丰修史”这一文脉。北宋末，南宋初，元兵入侵频仍，宋高宗南渡，客家人不得已进行第三次迁徙。这一时期，曾氏迁移的起止地点
化房系”，亦为大万曾氏福建之始祖。111代54派广新，南宋进士，官封光禄大夫。宋末随父（佑孙公，曾氏粤东开基祖）母从福建宁化徙粤东海阳（今潮阳），旋又迁粤东长乐县（今
孙衍播大江南北，四海五洲。据不完全统计，他们分布在广东的河源、五华、紫金、兴宁、梅县、蕉岭、龙川、揭西、澄海、惠阳、惠东、陆丰、平远、连平、和平、曲江、南雄、乳源
些市县的部分地区，香港、台湾的部分地区，海外的一些国家和地区都有分布。125代68派简辉，1703年从长乐徙惠阳坪山（今属深圳市）龙背，为曾氏坪山开基祖。126代69派元恭徙坪
姓氏中是屈指可数的。从曾据至曾传周，历经五十六代（派），大小迁徙十余次，曲折坎坷，繁衍子孙千千万万，遍布五洲四海，为传播中华及客家文化立下不朽的丰碑。曾传周几十年
自西汉始，姓氏合为同用，但在不同的语境下也有所区别。当今我们的国家是由56个民族组成的多民族国家，而汉族（中华民族）人口在全民族中占了百分之九十四，所以，通常中华民
，黄帝姓姬（号轩辕氏）。随着社会历史的嬗变，各个姓氏又派生出许多新的姓氏，其中黄帝姬姓与其元妃嫘姓派生出来的姓氏最多，由炎帝姜姓派生出来的姓氏亦不在少数。这样，中
称是“炎黄子孙”（因炎帝先于黄帝，故世称“炎黄”）。姓氏的起源很复杂，以朝代名、国名、地名定姓的多见。如夏朝，从夏禹起沿用先代黄帝元妃嫘姓；后来，夏为商所灭，夏
的姓均出自母姓，大概与母系氏族因缘有关。以国为姓，跨越了一千多年的时空。到了公元前567年，鄫国为莒国所灭，王太子巫逃奔鲁国（今山东曲阜），为鲁国大夫，后定居武城
公元前505——公元前435年），继承和发扬了孔子学说，被后世尊为宗圣和曾姓一派祖。武城因此成为曾氏的发祥地。在中国历史上曾发生过几次民族大迁徙，客家人大迁徙则有五次。
。至西汉末，公元8年，王莽篡政。72代15派曾据“不忍国耻，不仕新莽”，于公元10年率领族人千余人从山东武城南下渡江至江西庐陵（今吉安）吉阳乡开基立业。公元15年，据公联络
曾珪居庐陵吉阳，后徙居永丰县，为“永丰房系”；曾旧，唐代进士，累官，由吉阳移居乐安云盖乡，其后人成为福建“宁化房系”；曾略，唐代官至节度使等职，从吉阳徙抚州（今
派游立、洪立、宏立三兄弟，从抚州徙南丰，合称“南丰三祖”，其中洪立公是大万曾氏先祖。南丰是继武城曾子之后曾氏人文又一发祥之地。大万曾氏南迁先祖在此历经十四代（派）
刻着一副楹联：“一部孝经贻世业，八家文蕴绍宗风。”这副对联揭示的便是这一脉相承的历史文化底蕴。洪立公在南丰任过县令、做过修史官等职。南迁客族曾氏围屋及祠堂对联多有
得已进行第三次迁徙。这一时期，曾氏迁移的起止地点主要是：江西南丰至闽东至粤东……这跟南宋几代王朝南逃方向是一致的。108代51派曾惇，官封宋鲁国公，于公元1112年由江西
建宁化徙粤东海阳（今潮阳），旋又迁粤东长乐县（今五华）华城，继又移居兴宁县，为南下客家人曾族开基祖之一。112代55派，广新公第九子良甫，由兴宁徙五华七都斗米岭九龙岗，
惠东、陆丰、平远、连平、和平、曲江、南雄、乳源、翁源、英德、大埔、博罗、增城、龙门、宝安（深圳）、东莞、番禺、台山、鹤山、中山、广州、罗定、阳江、茂名等市县的部
圳市）龙背，为曾氏坪山开基祖。126代69派元恭徙坪山三洋湖开基，生四子。127代70派，元恭公二子传周，于清代乾隆中期（约1763年前后）从坪山三洋湖村迁今大万世居开基立业。
为传播中华及客家文化立下不朽的丰碑。曾传周几十年如一日，历尽艰辛，营造大万世居，成为今日学人研究古建筑文化的宝库。中国之姓氏，始自五千多年前乃至远古的原始社会母系
人口在全民族中占了百分之九十四，所以，通常中华民族就是指代中国。中华民族古今姓氏有5000多个（其中有许多已经消亡），曾姓是这个姓氏大家庭中的一员。曾氏是黄帝的后代之
多，由炎帝姜姓派生出来的姓氏亦不在少数。这样，中华民族古今5000多个姓氏中是黄帝炎帝后代的就不计其数了。部落之间的互相争夺，结果黄帝打败了其他所有部落，炎帝归服黄帝
禹起沿用先代黄帝元妃嫘姓；后来，夏为商所灭，夏桀的子孙有的为纪念夏朝而用原“夏”的朝代名作为自己新的姓。曾姓亦出自嫘姓。至约公元前2000年，夏王少康封次子曲烈于鄫地
奔鲁国（今山东曲阜），为鲁国大夫，后定居武城（在今山东嘉祥县内）。巫公叹曰：“国亡矣！邑宜除去！”（邑指都城，代表国家），遂于公元前585年，去“邑”（“鄫”的右偏
发生过几次民族大迁徙，客家人大迁徙则有五次。曾氏族人的迁徙又有其特定的历史环境、人文地理环境和迁徙途径。如果说，曾族的迁徙是一条长河，那么，大万曾氏先祖的迁徙则是
（今吉安）吉阳乡开基立业。公元15年，据公联络诸侯，讨莽复汉有功，被加封关内侯。此后，据公后裔在江西庐陵一带衍播发展，成为“庐陵旺族”，据公被称为“南迁始祖”，庐
；曾略，唐代官至节度使等职，从吉阳徙抚州（今江西临川）西城。其后人成为“南丰房系”。珪、旧、略世称“老三房”；略公是大万曾氏先祖，其后裔衍居江西、福建、广东、广
发祥之地。大万曾氏南迁先祖在此历经十四代（派），历代有能人。旧谱载：“南丰之曾称盛”“人才出类拔萃，可谓如日之中天。”唐宋八大散文家之一曾巩便是南丰人。2002年被公
做过修史官等职。南迁客族曾氏围屋及祠堂对联多有嵌入“东鲁”“南丰”字样，如“东鲁传经府，南丰修史家”“东鲁家声光百代，南丰世泽启千秋”……活灵活现了“东鲁传经，
08代51派曾惇，官封宋鲁国公，于公元1112年由江西南丰翻越武夷山，移徙至福建宁化石壁乡，是曾氏南迁福建宁化开基祖，又称“宁化房系”，亦为大万曾氏福建之始祖。111代54派
广新公第九子良甫，由兴宁徙五华七都斗米岭九龙岗，繁育16子，枝繁叶茂。从佑孙到广新到良甫，又跨越了多少个地域和时空，其裔孙衍播大江南北，四海五洲。据不完全统计，他
台山、鹤山、中山、广州、罗定、阳江、茂名等市县的部分地区乃至全境，外省的广西、福建、四川、湖南、湖北、云南、贵州、海南一些市县的部分地区，香港、台湾的部分地区，海
约1763年前后）从坪山三洋湖村迁今大万世居开基立业。曾氏族人从春秋末期巫公开姓至今，演绎了两千多年漫长的繁衍史，其悠远在各姓氏中是屈指可数的。从曾据至曾传周，历经五
中国之姓氏，始自五千多年前乃至远古的原始社会母系氏族时期。先有姓，后有氏；姓为氏之本，氏自姓而出；一为主干，一为分枝。自西汉始，姓氏合为同用，但在不同的语境下也
曾姓是这个姓氏大家庭中的一员。曾氏是黄帝的后代之一。早在五千多年前的部落时代，许许多多的部落都有各自的姓氏，如炎帝姓姜，黄帝姓姬（号轩辕氏）。随着社会历史的嬗变
互相争夺，结果黄帝打败了其他所有部落，炎帝归服黄帝，结成大联盟，统一了中原（中国）。后来不同祖先姓氏的中华民族的后代都通称是“炎黄子孙”（因炎帝先于黄帝，故世称
嫘姓。至约公元前2000年，夏王少康封次子曲烈于鄫地（在今山东苍山县西北）。曲烈立鄫国，以鄫为姓。“鄫”和“夏”及其他许多的姓均出自母姓，大概与母系氏族因缘有关。
代表国家），遂于公元前585年，去“邑”（“鄫”的右偏旁），定“曾”为姓，族史称巫公为曾氏定姓始祖。巫公五世孙曾参（曾子，公元前505——公元前435年），继承和发扬了孔
曾族的迁徙是一条长河，那么，大万曾氏先祖的迁徙则是万千分支中的一根涓涓细流。据称，从曾子的第三代起就陆续有人迁出武城。至西汉末，公元8年，王莽篡政。72代15派曾据
发展，成为“庐陵旺族”，据公被称为“南迁始祖”，庐陵为中华民族曾氏第二发祥地。传至91代34派，曾珪、曾旧、曾略为三兄弟。曾珪居庐陵吉阳，后徙居永丰县，为“永丰房系
略公是大万曾氏先祖，其后裔衍居江西、福建、广东、广西、湖南、湖北、四川、云南、贵州、海南、台湾、香港及海外各地。95代38派游立、洪立、宏立三兄弟，从抚州徙南丰，
中天。”唐宋八大散文家之一曾巩便是南丰人。2002年被公布为省级文物保护单位、遐迩闻名的客家围屋深圳市坪山大万世居祠堂上厅镌刻着一副楹联：“一部孝经贻世业，八家文蕴
光百代，南丰世泽启千秋”……活灵活现了“东鲁传经，南丰修史”这一文脉。北宋末，南宋初，元兵入侵频仍，宋高宗南渡，客家人不得已进行第三次迁徙。这一时期，曾氏迁移的
又称“宁化房系”，亦为大万曾氏福建之始祖。111代54派广新，南宋进士，官封光禄大夫。宋末随父（佑孙公，曾氏粤东开基祖）母从福建宁化徙粤东海阳（今潮阳），旋又迁粤东长
，其裔孙衍播大江南北，四海五洲。据不完全统计，他们分布在广东的河源、五华、紫金、兴宁、梅县、蕉岭、龙川、揭西、澄海、惠阳、惠东、陆丰、平远、连平、和平、曲江、南
海南一些市县的部分地区，香港、台湾的部分地区，海外的一些国家和地区都有分布。125代68派简辉，1703年从长乐徙惠阳坪山（今属深圳市）龙背，为曾氏坪山开基祖。126代69
其悠远在各姓氏中是屈指可数的。从曾据至曾传周，历经五十六代（派），大小迁徙十余次，曲折坎坷，繁衍子孙千千万万，遍布五洲四海，为传播中华及客家文化立下不朽的丰碑。
一为分枝。自西汉始，姓氏合为同用，但在不同的语境下也有所区别。当今我们的国家是由56个民族组成的多民族国家，而汉族（中华民族）人口在全民族中占了百分之九十四，所以，
如炎帝姓姜，黄帝姓姬（号轩辕氏）。随着社会历史的嬗变，各个姓氏又派生出许多新的姓氏，其中黄帝姬姓与其元妃嫘姓派生出来的姓氏最多，由炎帝姜姓派生出来的姓氏亦不在少数
的后代都通称是“炎黄子孙”（因炎帝先于黄帝，故世称“炎黄”）。姓氏的起源很复杂，以朝代名、国名、地名定姓的多见。如夏朝，从夏禹起沿用先代黄帝元妃嫘姓；后来，夏为
及其他许多的姓均出自母姓，大概与母系氏族因缘有关。以国为姓，跨越了一千多年的时空。到了公元前567年，鄫国为莒国所灭，王太子巫逃奔鲁国（今山东曲阜），为鲁国大夫，
参（曾子，公元前505——公元前435年），继承和发扬了孔子学说，被后世尊为宗圣和曾姓一派祖。武城因此成为曾氏的发祥地。在中国历史上曾发生过几次民族大迁徙，客家人大迁徙
人迁出武城。至西汉末，公元8年，王莽篡政。72代15派曾据“不忍国耻，不仕新莽”，于公元10年率领族人千余人从山东武城南下渡江至江西庐陵（今吉安）吉阳乡开基立业。公元15年

相关附录

参加游击队不成反遭打

小时候经常听游击队的故事，如曾生卖田养兵，豹虎仔（林文虎）出奇制胜，刘黑仔孤胆英雄等。崇拜革命英雄，憎恨日本鬼子、呵呵鸡（当地老百姓贬称国民党反动军队为呵呵鸡）。可是又沾上野孩子的劣性，爱闹恶作剧，时遭横祸。

我们村办的明新学校只办到四年级，上五年级要到坪山小学去考试。我那个村是清一色的曾姓，在坪山小学读五、六年级的人多。每年的升学考试，五、六年级的同村学生负责在试室窗外向同村的考生递、掷写有答案的纸条。监考先生（老师）即使看见也闭上一只眼睛装作看不见，怕日后有人找麻烦。曾经有一次，学校大门墙上出了一张“白头贴”（大字报）：“校长邹造基，教书搭行医。日日挽把伞，边行边放屁……”追查了很久都没有结果。原来那“白头贴”是我村的一个学生写的，那天他被校长骂过，不过，那个同村学生后来很进步，是我村的第一个大学生，大学教授，很有出息。（当然不是宣扬调皮有出息。）

话说回头。一日，在放午学回家的路上，我们几个大万村明新学校学生见到曾光等几个在坪山小学读五、六年级的学兄，曾光信心百倍地拍着胸口对我们说：“明年上五年级由我包，从现在起你们听我的。”从此，曾光当上了我们这班小兄弟的小领袖。于是，我的调皮和恶作剧又紧紧和他联系在一起。

当时，在游击队里有一支很出名的突击队叫

“五虎队”，在国民党反动军队里有一支杂牌军叫“何积军”。大万村里有一个自称老大名叫“积仔”的人，纠集几个人经常欺负我们这些弱小者，我们称他们为“何积军”。一个夜晚，曾光带着我们五六个小兄弟，踏着朦胧的月色，来到“上园”一堆瓦砾旁边的几棵猪屎青树下。曾光一本正经地说：“我们现在成立一个‘五虎队’小鬼班，根据地就设在这里。今晚向‘何积军’进攻！”我们的“根据地”离“积仔”的家隔着几条街巷。我和德发打头阵。快到积仔家门口时，两人匍匐前进。接着，不断地向积仔家门口掷石头、“手榴弹”——墨水瓶。积仔母亲梁婆拿着扫把追了出来。我们边退边喊：“快叫‘何积军’出来，缴枪不杀！”梁婆继续追：“看你死仔！”我们退到一条小巷卧倒。梁婆见无动静，姗姗回家去了。待我起来，衣服沾满猪屎，德发不见了。回到“根据地”时，曾光对我说：“德发已向我报告了，说你很勇敢，趴在猪屎上都不动，现在提升你当小鬼班班长。”

期末考试前的一个星期日。曾光约我们几个人去大坝放牛，叫我们不用考试，升学由他负责。首先是窑番薯。封窑后“走窑鬼”，由曾光安排。分两批走，第一批除留金木一人看窑，其余都走；第二批由金木一人走。没等金木回来，第一批的人便开窑，吃完番薯后，拉个屎再封回去。金木回来了，曾光叫他一人开窑，并说：

“小心我们五虎队埋的地雷！”金木敢怒不敢言——他是村里最受欺负的人。金木后来偷渡到香港，再到美国，再后来发了财，回来过一次，还请我们吃饭哩。

下一个节目是打纸牌——“五张牛”，赢了钱要到大年三十晚才兑现的，因为这时要家长们给了压岁钱才有钱。我赢了曾楷。再下来就是“开小灶”——煮菠菜糖水——这也是曾光的发明。奕存带锅我带糖，菠菜德发家的菜园有。

天气阴冷，赤脚衣单，准备打道回府，我想起明天是期末考试，考作文。我说：“我看明天还是参加考试好。”

“你们回去考试，我就告诉你们先生，你们打纸牌赌钱！”曾光吓唬我们，我们只好听他的了。

“这样吧，我们去参加游击队。”曾光出主意了，“游击队打呵呵鸡很行，我们现在是五虎队小鬼了。”有一个外村读生麦观腾说他的叔叔在游击队里当排长，现在部队住在碧岭村。

“我们的根据地转移到树山仔，明天下午到树山仔集中。”曾光说。大伙都说好。说真的，我们很小就向往游击队。常听人说曾生卖田养兵，刘黑仔孤胆英雄，豹虎仔（林文虎）出奇制胜……

次日星期一，我和奕存一早就来到学校，收拾笔墨准备回家，不巧遇着先生（曾汉生）来了。在课堂上马虎应付考试，趁先生走出课室，我和奕存等便潜逃了。下午，几个人先后来到树山仔，等待夕阳西下时出发去当游击队。三四点钟时分，由于先生的投诉，德发被他父亲拉走了。

我和奕存两人走出树山仔“根据地”向游击队的驻地碧岭村方向前往，来到东心陂，忽听后面有人喊：“奕存！——”我们旋即躲进树丛中。

“奕存！奕存！阿妹（昵称）！你在哪里？”

奕存心软了：“嗳！阿叔（爸爸）！我在这里！”我们钻了出来，满身是簕刺。奕存被父亲抱头痛哭。

我们回到新大门，刚好遇到我父亲挑担回来。德发父亲冲着我父亲说：“阿养，你儿子不考试……”父亲火了，重重地掴了我几个巴掌，我跌跌撞撞足有一丈远。

次日，我和德发来到先生房间。先生先问德发：“你考不考试？”德发犹豫片刻：“考就考吧。”“考就考吧？”先生发怒了，拿起“寸哥嫲”（一种木棍玩具）往两腿直打。“寸哥嫲”打断了，先生再问：“考不考？”“考。”德发答。先生接着问我：“给你爸打了痛不痛？”“很痛很痛！”我连声答，几乎要哭，怕他再去找“寸哥嫲”。“考不考？”“考。”他不打我了。德发后来追悔说：“如果我们参加了游击队，就不会挨打。”我们附和道：“也是！”

大年三十下午，曾光陪我去向曾楷讨还打纸牌的欠钱，曾楷说他还没有洗大吉水，晚上再来。曾楷就是那位写歌颂国庆对联的曾德荣（字德章）的儿子，这时在他们公众的大门上贴着一副春联："德门应景福，荣誉乐长春。"曾光拿出钢笔在对联上改成："德章快点死，荣易落长箱。"晚上我没有也不敢再来，以后也就不了了之。我知道，这毕竟是小孩子的一场玩耍而已。

下个学期我循规蹈矩地读书，而且当上四年级班长。但是，曾光又来"导演"了。为了弥补当不成游击队的遗憾，一天晚上，曾光请我们在新门楼吃炒麦豆。他一边炒一边分，自己用一条小木棍做了一把秤，根据"五虎队"在上次"战斗"中的表现，二两、一两、半两不等。我是"小鬼班"班长，分得二两。同时问起升学考试掷纸条的事来，曾光一如既往地承诺。有人说怕先生什么的，曾光说："先生有什么可怕？我就敢在先生面前放屁！"

那时逢周一早上要举行纪念会，全校师生站在孙中山像前，先是"向总理默念三分钟"，然后由先生背诵"总理遗嘱"。有一次惹祸了，正在"向总理默念三分钟"时，突然有人"啪"的一声放了一个屁，许多人当堂笑了。事后先生追问是谁放的屁，没有人承认。我知道是德发放的，他就站在我身边，我不揭发他。先生因此立下一条新校规：放屁笑一次记一个缺点，三个缺点为一个小过，三个小过为一个大过，三个大过即开除；放屁的人又放又笑一次记两个缺点；放屁不能说"放屁"，要说"放气"。这一校规不定还好，一定就更多人放屁，更多人笑，向先生投诉和记过的人就越多。一个学期下来，我因放屁笑记了两个小过，当班长记了两个小功，将功补过，彼此冲消。德发放一次屁，放出一条校规，成了“永恒”的大笑话。德发责怪曾光，曾光说：“我没有叫你在孙中山先生面前放屁嘛。”德发说：“也是。”至于孙中山先生的遗嘱“余致力国民革命……是所至嘱”，至今我仍能背下来，是从定“放屁不准笑”校规先生口中学到的。当游击队的事，数十年后我们还不时提起：打不死，肯定当大官，当了大官又当走资派！

当不了游击队就“唯有读书高”了。我考坪山小学五年级时曾光有没有向我掷纸条已记不清了。

高小的两年我很听老师的话，当游击队也就成了童年趣事了。

节选自曾观来著《三弦集》之《童年趣事》，中国文联出版社，2008年版

同一屋门走出的不同门第的两位军人

从深圳大万世居走出来的革命军人中，有两个人不时在我的脑海中浮现：一个是宝安区已故的离休干部曾继兴，一个是现居河南大学的离休干部曾子琼。曾继兴出身孤儿，抗日战争时东江纵队最年轻的战士之一；曾子琼家庭出身富农，新中国第一批空军飞行员。他们俩，少年时期一度结为挚好，离别30年后才得以重逢。我比他们小好几岁，又不是房亲，所以对他们的更多了解也是始于20世纪80年代。

■曾继兴：在战火中成长

曾继兴，生于1930年9月。1944年2月参加广东人民抗日游击队东江纵队。继而参加解放战争、抗美援朝战争。1950年加入中国共产党。1958年转业，在惠阳县澳头水产站当站长。1980年代初调宝安县供销部门工作，历任石岩镇供销社主任、宝安县供销社副主任等职。

小时候我只在公众场合见过两次曾继兴，两次都是他跟曾群谷打架，一次在祠堂里，一次在池塘边（听大人说，群谷很爱打架，欺负弱小）。继兴长得矮小，群谷比他高大。两次都是群谷先把继兴扳倒，骑在继兴胸脯上；而后是继兴把两脚往后一缩，再抬起，往群谷胸头一踹，群谷向后倒，继兴跃起骑在群谷胸脯上，反败为胜。正当撕打中，大人把他们拆开。当时他给我的印象是：真棒！

我在和他正式接触后说起这儿时回忆，他打开话匣子："我从小就很机灵，跑步很快。我12岁那年（1942年），闻知日本鬼子进村'围剿'，村里人都逃难去了，我没有钱无法逃难。那天我站在一个巷口，突然看见一个日本兵握着长枪从围屋正大门进来，大声吆喝：站住！我转身直往巷里跑，日本兵快步追来，不停地喝令。追赶了两条街巷，转了几个弯，就像捉迷藏，那日本兵也不开枪。我最后走到上园一间烂屋的墙角下躲着，终于逃过一难……"

曾继兴说，在他十一二岁的时候，父母先后去世，上无兄姊，下无弟妹，沦为孤儿。靠得房人，东家一餐，西家一宿，吊儿郎当。民国三十二年（1943年）大饥荒，就更惨了，吃糠粄、残果叶……差点没饿死。

曾继兴回忆，那一年春节前（注：1943年12月），听人说在坪山广场召开军民大会，庆祝游击队（即东江纵队）成立。1944年2月，时年14岁的曾继兴，打听到坪山某地有游击队驻扎，便决意投奔革命，参加了东江纵队。

"因为我长得矮小，七九步枪又长，部队不给我拿枪打仗，要先当通讯员，送情报。"他说，"几个月后，跟部队参加过几次'摸营'（偷袭敌人的营房），再过了一年多，在沙鱼涌和日、伪军打的那一仗，我拿枪了，拿的也是七九。很快敌人就缴械投降了……"据史料记载，1945年8月中旬起，东江纵队奉命全线出击，逼迫敌人投降。至8

月底，包括沙鱼涌在内的现深圳地区所有日、伪军据点全部被东江纵队攻克收复，宣告了日本侵略军在深圳地区的覆灭。

1946年6月30日，东江纵队主力奉命北撤山东烟台，其余复员或转入地下。曾继兴复员后无依无靠，房亲不敢收留他。先是在和他一起复员的曾基家住了短暂时间。不久，国民党反动派撕毁和平协议，疯狂捕杀和迫害东纵复员人员和革命群众。继兴怕连累曾基家人，就回到自己破烂的家。

“才第一个晚上，我不敢关上大门，睡在一进大门的地板上。忽然，墙角的鸡笼下有一只蚧仔（类似小青蛙）在叫，我吓了一跳，以为是鬼，我父母的化身，立即跑向围屋外禾塘喘息，过夜。”第二天他告诉了和他同一街巷的远房兄弟曾子琼，曾子琼征得父母同意，叫了继兴到自己家，晚上两人同床睡觉。两年如一日，结为知交。

为了生活，曾继兴白天去当货郎——早上到坪山墟店铺向“市头”（老板）预先拿点香烟糖果饼干等到各村叫卖，傍晚回店，“市头”按卖出多少给点微薄的小惠过日子。

根据中共广东区委的指示，江南地区党组织决定恢复武装斗争。1947年4月成立惠东宝人民护乡团，曾继兴决心重返革命部队。于是走出子琼的家门，走出世居围屋的大门，参加了惠东宝人民护乡团。两个情同手足的小兄弟从此阔别。而那一段感情成为几十年后两人难以割舍的回忆。

曾继兴在护乡团里，又当通讯员，又当战士，活动在惠阳县安墩、高潭等地。此后，他一直没有回过老家，他消失在村人的记忆里。1958年曾基和曾子琼回乡过年，一天晚上，曾基家挤满了人，请曾基哥和子琼兄讲青少年时候在家及后来在部队里的事。曾基滔滔不绝，很有风趣。子琼谈吐谨慎，笑容可掬。自然提到曾继兴，上下寂然，都猜他已经死了。

“我无家可归，部队就是我的家，九两米二钱油（当时游击队的生活标准，八两为半斤）。”继兴后来对我说。

1952年曾继兴参加抗美援朝战争，当通讯员和战士。战斗情况跟我说得不多，他说一言难尽，每分每秒都要准备死。比如有一次仗正打响，美军飞机突然来袭，他和战友们迅速躲进防空洞里，敌机投放毒气弹，差点被毒死……

1953年朝鲜战争结束后，曾继兴随志愿军回国。“没有仗打，多是生产和学习，站岗是正常的，有时奉命去执行一些特殊任务。说实在的，在战场上，好像不知道死字怎么写，没仗打了，真的感到有点不舒服。”他逗趣地说。

1958年曾继兴转业到惠阳县澳头水产站，与下涌人结为夫妻，育有二男二女。1984年7月的一天，有一个人来宝安中学找我：“你是观来吗？我是大万围的继兴，你肯定不认识我……”他就是曾继兴，就是前文提到的小时候见过两次和人打架很棒的他。1980年代初，我和他同住在宝城二区，从此过从甚密。

这时他已从县供销社调到怡华贸易公司当负责人。改革开放使他在经济上得到彻底翻身。他对我说，双职工夫妻俩，经常数钱数到偷笑。他主动借钱给我买电冰箱。他没有忘记乡情。当年他从东纵复员时，一个房亲不肯（不敢）收留他，他主动和其在香港的后代兄弟联系，叫他来宝安相聚，向他宣传改革开放的好处……。乡人知道他没有死，而且生活过得不错，亲房兄弟、同村好友经常来探访他，相聚叙旧，日子过得甚欢。

曾继兴于1990年在企业离休，后转为政府行政干部待遇。他说："我满足了。"

孤儿出身的曾继兴，在战火中成长，要说对革命的贡献，历经"三战"：抗日战争拿过枪，解放战争幸好没受过伤，抗美援朝战争跨过鸭绿江。他从不居功自傲，待人诚恳。外地每有老干部组织来宝安交流，他都会被宝安老干部活动中心委以最有资格身份参与座谈会。这是当之无愧的。曾继兴的晚年生活兴趣是打门球，是宝安区老干部活动中心门球队主力队员，该门球队参加比赛累获奖项有他的一份功劳。

2010年春节期间，曾继兴因病去世，享年80岁。

■曾子琼：空军职守矢志不渝

曾子琼，原名子群，生于1931年2月。1947

年毕业于坪山小学。1950年初中毕业于龙岗平冈中学。1948年12月入党，1951年1月参加中国人民解放军。在部队历任空军一航校学员、空军某部队空中领航员、团作战侦察股副股长、团副参谋长等职。1979年10月转业到河南大学组织部工作，先后任老干部处副处长、处长等职。1991年10月离休定居河南大学（开封）。

我的家和曾子琼的家相隔两条天街。小时候知道曾子琼的家经常有人去和他的父亲聊天，我偶尔也去过。其家屋结构是客家围屋的传统格局——两进一天井两房一厅一厨房，比我家较为宽敞。因为年龄的关系，对曾子琼的印象并不深，在村里也是偶尔见面。子琼兄在坪山小学毕业后就读龙岗平冈中学，入党，参军，其人其事，鲜为人知。

第一次正式的交往，是1986年年初。子琼回深圳探望老同学老朋友，和曾继兴联系上，继兴邀我和子琼一起去西丽湖会见老同学，去蛇口游了海上世界。此后时有信息往来。

1993年秋，他携夫人回坪山祭祖，回大万与同村兄弟共聚午餐，下午到宝城与继兴相会，晚上住我家，谈些生活琐事。2009年秋，也是携夫人回乡祭祖，得知继兴患肺癌，又和我一起前去探望，谈天说地回避“病”字，继兴请餐。子琼夫妇晚上又住我家，这一夜谈的较多，包括村里过去的一些事情。他为人谦虚谨慎，和蔼可亲，始终面带笑容，而对于军中的事你不问他他绝不主动涉及，保持着一副令人敬重和蔼可亲的军人本色，或说是修养吧。而我偏偏又是那样好问，令他打开话匣子。

据曾子琼叙述，初中毕业后不久，1951年大年将至，曾子琼志愿报名参加中国人民解放军，经过严格体检，被选入空军。而后被送进解放军第一航空学校训练，成长为一名军事飞行员，空中领航员，飞行中队长，率领机群飞翔在祖国的蓝天，捍卫祖国的领空。其所在部队先后驻防于耒阳、桂林、武汉等基地。

“你飞行时间有多长？”我曾问他。“我的飞行员军龄总共29年，但不是每天都在天上的，实际飞行时间是按小时累计的，我的飞行时间接近3000小时。”

“你有没有参加过抗美援朝战争？”

“飞驻中朝边境待命。”

“离长白山远吗？”因为我登过长白山，故而取兴地问。

“长白山有一个天池，我们都在空中拍摄。”

1979年年初，曾子琼准备退役。“突然发生对越自卫反击战，我们又奉命起飞到中越边境某基地。”子琼显得自豪：“后来我们得到消息，越南飞行员说，中方飞来的，有的是他们的老师，不敢起飞了。”……

曾子琼忠于职守，矢志不渝。古语云：自古忠孝难两全。他的父亲叫曾繁忠，据《大万曾氏重修族谱》："新中国成立前，自由职业，新中国成立后一直在家务农。"1952年土改复查时，被评为富农，前面还冠以"恶霸"二字，即恶霸富农。这是曾子琼家庭的历史性的变故，也是曾子琼政治生涯的分水岭。曾子琼选择了"忠"。有村人评说，这样的家庭出身，居然能在部队站得稳，而且能得到组织信任，步步提拔，真不简单啊！更有人说，如果不是家庭出身问题，他的军衔不止这个。

1969年春节前，曾繁忠去世。曾子琼无缘回去看望。女儿（子琼的姐姐）很早就出嫁邻村鹤湖浪村。剩下老太太林三满双目失明，由近房邻居时而看顾。曾子琼原先自己汇款赡养父母，父亲去世后，给母亲的生活、医疗费，他按月交给单位，由单位代寄给其母所在生产队收再转交给其母亲。

曾繁忠死得默无声息。随着历史的轮回，该去的都去了，后来的在饭后谈资时慢慢地"求解"那远去的"方程"。

曾繁忠何以被"复查"评为富农，而且兼恶霸？如下为我皮毛浅见："新中国成立前，自由职业"，家有几亩薄田，一家三口，妻是主要劳动力。请过"掌牛仔"，又供子读书，一餐粥，两餐番薯饭，也够"富"了，况且有摊派任务下来。但是恶霸呢？在我童年的记忆里，闲暇时经常有很多村里人在他家坐聊，这个来，那个去，未听说过他欺压村人。子琼的好伙伴曾继兴从东纵游击队复员回来无人敢收留（这是有危险的），曾繁忠居然同意其同自己的儿子子琼一起睡觉而不拒之门外，这已超出一般的同情心！有一个也是孤儿名叫曾锦华的，新中国成立前两年替曾繁忠家放牛。有一次曾锦华骑牛从牛背上摔下来，一只手骨跌断了。曾繁忠妻拿钱送他到东莞塘坜一位远近闻名的名叫罗左才的驳骨医生治疗，治好了。这在当时是奇迹般的，难能可贵的，村人称繁忠夫妇是好心人。曾锦华于1950年到坪山乡政府当“小鬼”（通讯员）。

只是有一次，那是1950年，大万村和邻村发生械斗。大万村人多势众，男女老少齐动员，我们在坪山小学读书的都被叫了回去运送石子。坪山乡政府出面制止，判大万村民以强欺弱。当时在村里有威望的曾繁忠和另一个曾经与解放军（惯称游击队）江南支队二团团长李群芳地下关系密切、后来被划为地主的曾祥昌出头露面，惹人注目，此案是否成了后来划分成分的因素？无从也无须去考究了。

更值得一提的是，曾子琼1948年12月加入共产党（地下党），他父亲不知道，村人不知道。还不到18周岁（入党的年龄下限），可知其作为一个初中学生的突出表现。据族谱记述：“繁忠公夫妇积极支持儿子（独子）参加解放军，并鼓励儿子好好做人做事。”我们注意到，在曾子琼参军的前一年，村里有三个青年到惠州去参加公学短期培训，结束后即参加解放军。其中有两人被家长去叫了回家。此端可令我们扪心：曾繁忠难道不疼爱骨肉独子吗？如果他对共产党毫无感情，他会送子参加解放军吗？这样的人竟然被说是恶霸！

曾子琼胸怀宽容，心里装着故乡情，更有孝心，“忠孝难两全”，在特殊环境下有特殊的含义。或者可以说，他没有辜负先父“好好做人做事”的嘱咐就是最纯真的孝。母亲去世后，子琼再也没有回过生他育他的老家了——从这个意义上说是无家可归，每次回乡都寄宿在鹤湖浪村姐姐家。

有了手机后信息往来就更密切了。2015年4月底，我们在深圳的一帮坪山老乡组团去河南旅游，有近半是曾子琼的同村小弟妹。大家都很想去见见这位德高望重的兄长。于是约定在开封与其夫妇相聚，共进晚餐，送点小礼物。84岁的子琼兄耳背，或许跟长时间与飞机声接触有关，29年空军生涯啊！但魁梧的身材还挺硬朗，思维清晰，谈吐有序，对村中已往的人事对答如流。

“想不到今晚我们会在这里相聚！”子琼妻藏梅香嫂子快乐地谢席。

“希望我们能在坪山再相会！”听说他们打算今秋回乡祭祖，我们齐声说。

“会的。”夫妻俩顺应了我们的期盼。

原载《长青藤》2015第3期，作者曾观来

故乡的榕

榕树是一种生长很普遍的树种，在路街，在公园，在墟村，在社区，在山边，在河畔……广阔的植被，无处不有榕。榕树的种类繁多：细叶榕、大叶榕、柳叶榕、垂叶榕……榕树能遮日庇荫，所谓“量大好做事，树大好遮阴”。

我家乡旧时有很多榕树。我爱我的故乡，自然喜爱故乡的榕。

故乡的榕虽然种类不多，只有细叶榕，大叶榕，水榕……但这些榕和各种各样的树木构成一道道的风景线，一道道的“防风墙”。——这些树都是长在河的两岸，随着河的走向弯弯曲曲，高低错落。有时从河的这头望上去，可以看到一线天，有时连一线天都看不到，只见一片葱郁幽深。这些树每当台风来时，只听见呼啦啦的呼啸声冲着“树墙”而来，穿过“树墙”减弱，古老的围屋安然无恙。

树群中最突出的便是榕，身高影大，体量昂然。所以榕树是“防风墙”的主力军。

榕的庇荫超尘脱俗，除了村头村尾给人们乘凉遮阴以外，还具有“保佑”的功能：在村外，凡“土地伯公”——土谷神，必有大榕树；凡大榕树下，必有“土地伯公”。于是，“伯公榕”成了大万世居独特的榕。

“土地伯公”保佑庶民五谷丰登，大榕树庇荫“土地伯公”，亦即保佑庶民。家乡有几棵“伯公榕”还包含了我少年时的许多情趣，令我回味——

军田伯公榕。在军田河的岸上。这“伯公”是用来“祭社”的。“社”是“社稷”的缩称。“社”指土神；“稷”指谷神。每年农历二月二日是故乡大万的（土地）“伯公生（日）”，也叫“社日”。村里宰猪杀鸡前来祭祀，然后把猪肉分给每家每户，叫“分社肉”。在这个“伯公”的旁边有一棵大榕树，一条大而长的虬枝离地面不高，向着“伯公”跟前伸展过来。我和几个小伙伴常常坐上去，“一二三、一二三……”，一升一降，一升一降，阴茎连同睾丸一阵阵酸软，又兴奋又难受，我们把这叫“摇朘筋”。下来后还在“伯公”前撒尿，说：“看会不会肚子痛。”想起来真是罪过——冒犯神明。但是“伯公”对我们还是表示了极度的宽恕，可能与榕的庇荫有关，因为我爱榕，故乡的榕。

石陂口伯公榕。这个“伯公”离我村较远，而且是几个村有份，我知道没有人来拜过。加上藤蔓侵蚀，几乎隐形。在“伯公”前有两条水渠，一条通往黄沙坑村，一条通往大万村。我曾跟父亲来这里看水，在茂密的树丛旁边有几条带着翠绿扁平叶子的枝杈伸出。“这是风水榕。”父亲告诉我。我摸不着头脑。

大王伯公榕。在一片峯地的中间。这地方为何叫“大王”不得而知，这“伯公”很少人来拜，据说那棵伯公榕被人砍过后来又重生。但我母亲偏带我来拜，因为在这附近我家有一块地庄稼四季收成好。

陂头伯公榕。在村后水陂“伯公”的深潭上。这棵榕长得“了刁”，它横斜向上，俯瞰深潭。一个烈日炎炎的中午，我和几个小同学游泳完后爬上这棵榕树，突然望见老师向我们走来，我们纵身跳下潭去，足有10米高。虽然放学后给老师罚“留堂”，但我的水性这时却得到了检验。

油榨金斗榕。在我家屋后，我经常来爬这棵榕树。它有多少岁？老人都不知道。榕树下排放着许许多多“金斗”（又称金盎，书面称金塔，装骨骸的坛罐），我母亲说，我爷爷和我先前的奶奶都在这榕树下安息。新千年的一个秋日，我独自来到这榕树下。只见荆棘丛生，里面堆放着许多破烂的金斗，只有两个是好的。我有点胆寒，这时心里怕蛇胜过怕鬼，打开第一个，不是。打开第二个，中了！我很是惊喜。盖底和盎壁写着：“显妣先母林氏神位 民国十五年 曾水养立”。这就是我先前的奶奶的“金斗”。母亲说是榕树伯公的保佑，但是没听说过这榕树下有“伯公”。至于“油榨”，据说村里一世祖传周公在这里开办过榨油厂，很可能是先人为遮阴植的榕吧。

水榕专门生长在河边和水陂旁。家乡的水榕树是普通水榕的另类。叶子和大叶榕相仿，树形相像，没有那么多虬枝。它会结出果实，比市面上卖的进口的车厘子略小，一样呈紫红色，有光泽，有核，白色的肉，酸甜可口。每到五六月时节，便是我们的世界，在树上吃饱了还装满两口袋带回给人分享。这种树在别的地方没有，可能是我家乡的特产树，我还怀疑美国产的车厘子是从我家乡引进后改良的。

…………

但是，曾几何时，家乡的这些榕没有了。

1958年冬，我从外地参加筑小高炉炼钢铁回乡。还没到村，一片葱茏都不见，知向谁边？那棵伯公榕不见了。回到家里，只见棚阁上堆满了柴，灰白色的皮，赭褐色的肉，有的横截面隐约可见年轮。

“呵，这么多柴！”我惊喜。

“大炼钢铁要很多柴烧……”父亲说。

“这是什么柴？”我问。

“见刀砍，见锯拉，水榕树柴好火。”

“榕树呢？”

“榕树是伯公柴，不能拿回家里烧，只能在小高炉烧，我们砍树队每人可以分得几百斤柴。”

“你们不怕伯公怪罪吗？”

“嘿嘿！……”

原来如此！怪不得俗话说，“人无千日好，花无百日红”，可这是树呀！炼什么钢铁需要那么多的树？啊，是“大跃进”烧小高炉！

…………

几十年转眼过去了，家乡大变样，故乡的榕

在我的脑海里只留下犹新的记忆。特别是庇荫“金斗”的那一棵，至今谁都不敢伤害它，仍在见证着我的怀旧，稀疏的枝叶与我的故乡大万世居同在，与我一起跨入垂暮，与古老的围屋重生。

据说榕树还是吉祥的象征。1992年新春伊始，改革开放总设计师邓小平视察深圳，一日来到仙湖植物园，在湖边亲手植下一棵大叶榕。这棵榕很长进，不到几年，便枝繁叶茂，独树成林，与仙湖绿水青山相掩映，引来燕舞莺歌，衬托着一年四季艳阳天。莲花山公园，在深圳经济特区建立30周年之际，种植了30棵榕树，构成环形的纪念林，寓意小平同志在中国的南海边画了一个圈。我家乡古围屋外新辟的小公园和明新学校门前也栽植了榕，绿荫婆娑。

榕，我记住，故乡的榕。

节选自曾观来著《为深圳历史正名》之《榕》，香港天马出版社

大万祭祖

大年初一，南国边陲，春寒料峭。一大早，故乡新居邻近的麒麟馆响起了锣鼓。我抓着一把香，加入了“拜老祖”的行列。麒麟前导，锣鼓喧天，长长的队伍……我心里顿时热乎起来。

这是省级文物保护单位坪山大万世居。世居曾姓族人春节传统拜祭别树一帜，十分隆重。年初一叫“拜老祖”。这天早上，全村100多户人家，排着长队，挑着三牲，带着香烛鞭炮等祭品，敲锣打鼓舞麒麟，浩浩荡荡蜿蜒几里路。一拜龙背村曾氏从五华迁此的开基祖祠；二拜三洋湖村坪山二世祖宗祠；三拜石灰陂坪山三世祖宗祠——广东人民抗日游击队东江纵队司令员曾生故居。大万世居开基祖曾传周与石灰陂村开基祖为同胞兄弟，一脉相承。在往返路上，参拜之时，我不时接过锣鼓敲打，以示里手不减当年。铛镲铛，铛镲铛，镲铛镲镲铛……

年初二，过大年，莫过于“拜传周公”。大万世居一世祖曾传周，白手起家，历尽艰辛，勤劳致富。父子两代，历经三十多年，营造出一座遐迩闻名的客家围屋，成为今日学人研究古建筑文化之宝库，被视为传奇。大万子孙每逢大年初二隆重拜祭。

在旧社会，即使再穷，也要劏好一只从年头养到年尾的大阉鸡，年初二一早，全村家家户户挑着阉鸡集中到祠堂摆放，有“考三牲大”的说法。先由麒麟参拜。拜祭仪式统一时间，由长老主祭。

负责整个仪式的由三位辈分或年寿高的长者分别担任主祭、礼先、执事。主祭宣布仪式开始，礼先宣读祝词。祝词读毕，向祖先敬献祭品，执事按主祭的提示叩拜，依次敬献各种祭品。在整个过程中，执事要按主祭指挥完成向祖先“三献九叩首”。各家祭主站在自家祭品之后面向祖宗神位统一执行仪式。

这天，老婆子和儿媳妇四点多钟就起床，挑着三牲等祭品到祠堂去“抢好位”，等待祭祖时间的到来。

时辰到来，三只麒麟在祠堂前小广场向村民们进行表演，锣鼓喧天。老朽我摄影录像亦敢与老记比拼。

祭仪完毕，放鞭炮，几里长的“磨仔炮”震耳欲聋，燃响半小时（是经向地方政府特许的）。退场：长长的挑着三牲的妇女队伍，依次走出围屋，各自返回新居。有俗话说：“男人烧头香，女人挑箩筐。”

我不信神，不信佛；对人神人佛我是从不“烧香”的。但对大万世居春节传统祭祖烧香我是非常重视，对于它的别树一帜我特感兴趣，至今在深圳地区甚至国内独一无二。我正视它，这是一种文化，一种国学文化——孝。

“每日清晨一炷香，谢天谢地谢三光。……国有贤臣安社稷，家无逆子恼爹娘。”每当我记起曾国藩的这几句诗，我就心潮澎湃——我们的国，我们的家！

原载《宝安史志》2012第一期，作者曾观来

附录：2020年7月3日，深圳市民俗学专家在坪山区马峦街道办事处召开论证会，拟将区级非物质文化遗产（简称非遗）项目“大万祭祖”申报成为市级非遗项目。

马峦旧话新说

大万世居与马峦村原本犹如孪生兄弟，旧时大万村人去溪涌、梅沙挑担必经马峦，有些许因缘关系，大万有几个小学老师曾在马峦小学任过教。现在在行政上和景区上都是从属关系，因成此文，不揣节外生枝之嫌。

说起马峦的人文地理，我感觉到近二三十年来似乎出现了一个“马峦文化”现象。不久前又得原籍马峦村老人罗天育提供一份马峦村的资料，命题为《昔日的马兰头村揭秘》，对阅读马峦一时兴味盎然了起来。罗天育于20世纪50年代在坪山中学毕业后离开家乡，后和大万村人结婚，长期在国安部门工作，退休后长住广州。“老马峦”乡情甚笃，情真意切。他说：这些东西现在不说，下一代以后的人就永远都不知道了。本文乃就罗老先生《揭秘》的有关内容结合我平素的感知，拉杂马峦旧话新说。

■众说纷纭的村名

在深圳市的地名册里，“马峦”并不陌生。最新颖的莫如十年怀胎尚未分娩号称市级的“马峦山郊野公园”——自然生态。“马峦”包括马峦山地和马峦村落，这里主要说的马峦村的“马峦”的来历以及其纷纭的众说。宝安区委党校已故教授曾祥委先生在《深圳的族群地名》一文中说：“龙岗坪山有‘马兰’‘马兰乡’，原名‘马拦头’，疑即‘麻栏’。后人不识，改为‘马峦’，复改为

‘马兰’，并作为名乡。”据我所知，过去，因为从坪山墟上马峦，羊肠小道，崎岖曲折，山地险峻，骑马难行，有顺口溜：“马难，马难，上也难，下也难。”人们就叫它“马难”，又作“马难头”“马拦头”“马栏头”（“头”是后缀），一直成为山外人对该村落的通称。还有，坪山有些人将“峦”读作“蛮”，口头或书面都有出现“马蛮”，说是烈性的马也难上得去，等等。至于“麻栏”，有资料显示：麻栏，是广西壮族民居建筑，为两层木屋，建筑材料以木、竹、茅草为主，与马峦民居特别是罗屋大围——泥砖、灰沙、青瓦、木桁（外围墙、碉楼配用石头）结构的客家围屋迥异，汉、壮的民族文化也迥然不同。作为地（村）名，“麻栏”不能诠释“马峦”。据罗天育说，在罗氏宗祠附近原有一石块，刻有“马恋”二字；现深圳网络地图马峦山一块就标有“马恋”，更给众说纷纭的“马峦”村名蒙上一层面纱。

据史料记载，新中国成立初期废除村一级的保甲制度，设立新的乡村建置。坪山设大乡（1954年改设惠阳县第四区），下设若干小乡，现在的“马峦”设“马兰乡”，包括罗、赖、张、林四姓合一的马兰村、嶂顶村、红花岭村、径子村，第一任乡长是新中国成立前中共地下党员（罗天育的姐姐）罗杏娣（现居深圳）。

究其“马兰”的由来，罗天育先生说，80岁以上的老人都坚称：“马峦”本名是“马兰”。来由之一：罗氏宗祠曾悬挂“兰桂腾芳”的横匾。我引经据典：“兰桂腾芳——兰桂：芝兰和丹桂，儿孙的美称；芳：比喻美名。兰桂腾芳比喻子孙显贵发达。”如果说“马兰乡”的“兰”与那匾的“兰”有关，不无道理，那么其来历就很久远了。罗先生说“解放初期有‘兰青足球队’，每逢春节期间都到坪山参加比赛”，亦可作“马兰”考证参考。那时，坪山每在春节前后都开展篮球、足球比赛，比较大的村都有组队，如大万篮球队叫“义青”，取自祠堂“端义公祠”的“义”字；牛角龙篮球队叫“飞龙”，取自其村名一个“龙”字。来由之二：在马峦山的山涧石缝中生长一种植物，叶似姜叶，花似兰花，大年三十晚摘其根冲凉可以驱邪，似“神符”，故乡人命其名为“石姜符”，是兰花的一种。兰花：兰科，兰属；石姜符：学名石菖蒲，天南星科，菖蒲属，广东客家地区称“石姜符”。两者不同科、属。广东客家人有大年三十晚用石姜符煮“大吉水”洗澡的风俗，并非马峦人首创。马呢？只有身份高尚的人才有资格骑马上山，居高临下，寓龙马精神，马到成功之意。故曰“马兰”。此说有点玄虚，难以置信。“只有身份高尚的人才有资格骑马上山”，与民间戏称的“骑马上也难，下也难”相矛盾，在这样的环境下，“身份高尚的人”“骑马上马峦山”，不可思议。

互助合作化后“马兰”改为“马峦”，沿用至今。“马峦”，意为山峦起伏，状如奔马。有人这样诠释。地名的变化有演变也有讹变，不管怎么样，既是约定俗成，也就无须“翻盘”了。罗老先生的“马兰”旧话新说，权作给这个古老的山村村史增探了一分秘吧。

马峦的区划归属也较为特殊。马峦山位于现深圳市坪山的西南方。“东接葵涌油库，南至红花岭水库靠北边的山脊线上，西邻三洲田水库，北至坪山碧岭及黄竹坑。东西长约15公里，南北宽约2公里，面积为31.66平方公里。”（马峦社区：《马峦山简介》）马峦山区内的所有自然村在1958年10月以前为惠阳县坪山辖属。而与马峦村同一纬度偏北的葵涌距离梅沙很远的地方则属宝安县。我们发现，从葵涌向西至三洲田一带山地区域归属，依区域地表水流向划分。地表水南向流入大鹏湾，则其地属宝安县，葵涌即是；北向流入东江，则其地属惠阳县，马峦山水汇集流入坪山河，经淡水河注入东江，故马峦属惠阳县。这是深圳市东部山地区域归属划分的一大特点。也是个旧话新说吧！

■昔日的马峦村称得上小侨村

罗天育先生对媒体报道称昔日的马峦村是个穷山村颇有微词，他说，昔日的马峦村可以说是一个比较富裕的小侨村。

马峦村与香港地缘关系好，两者只是一山之隔，一水之遥，往来方便，因此成为一个较早与香港及海外有经济联系的小侨村。一份马峦档案资料显示：至新中国成立前，马峦头六个自然村共有101户人家。至新千年前，先后有71户（全家）移民到中国香港以及美国、英国、澳大利亚、加拿大等国家和地区定居，占总户数的70.3%，余下的30户几乎都直接或间接有港侨关系。单是罗姓三个自然村共59户人家，就有45户（全家）移民上述国家和地区，余下的14户亦直接或间接有港侨关系。

罗天育老人介绍，较早出洋有据可查的有罗三（生），大名罗蕴光，早在第一次世界大战前已移民美国，服役美国海军，享年66岁，葬于美国罗省海军坟场113号墓地。罗三（生）的瓷制遗像仍保留在马峦祖屋安放。罗三（生）的儿子罗平，大名罗继雅，第二次世界大战后行船到美国欲居留美国，因证件不齐被当局查扣。罗平说出其父亲罗三（生）原是美国海军军人，并把去世后安葬地禀告当局。经查实即放人，准予居留美国。罗三（生）的孙子罗有田现居香港，年近80岁。罗有田称他曾亲自听其父亲罗平及杨嫂（罗湘的母亲）说过，其祖父罗三（生）在美国时经常发动华侨捐钱及帮运物资回国支援孙中山的革命事业。

年近七十的罗日新称，他在小时候亲眼见过其祖父罗锦昌穿着美国海军制服的照片，至今仍记得清清楚楚，其祖父亦是第一次世界大战前移民美国定居的。

罗天育说，他小时候，每逢过年，都见到

“番客”三五成群由香港乘船经小梅沙回乡与家人及亲友团聚。他们有的穿着西装、皮鞋，提着藤箧。有人带回气灯。亦有人带回手摇留声机在禾坪上播放音乐，村民们围着听。还有人带回枪支弹药，主要用以护村防外犯，闲时打猎。更值一提的是，年近九十现居加拿大的罗湘的父亲罗福，早年带回照相机把孙中山庚子起义失败后，马峦很多房屋被清兵烧成废墟的场景拍下来，照片一直挂在香港家中墙上，直至1960年移居国外才遗失。

马峦人到香港后“行船”的特别多。因本村罗丁贵（现名罗国超，居港，年近80岁）的祖父罗佑，一百年前已在香港创办了“义和堂”和“崇正”两间著名“船馆”。罗佑在香港是传奇式人物，极有名望，黑白两道的头号人物。马峦村民或坪山人到香港后，向他报到即可安排到外国轮船上工作。

罗天育说，这里有个故事，我的伯父罗玉凤，大名罗玉雅，花名昌记。十三岁就跟着同村叔伯到外国船上当杂工，他聪明能干能吃苦，后来升为船长的专职厨师，并讲得一口好英语，他曾有趣地说：“我的猪扒、牛扒要比船长的大得多呢！”有一次回乡，带着一个大藤箧，装满各式各样物品，还有银包。在香港尖沙咀不慎转眼就被小偷偷走了。他向罗佑报告，说明时间、地点和物品后，不到数小时就有人专门送回“义和堂”船馆，物品一件不少。两间船馆位于砵兰街，现成为坪山人、客家人聚会打牌聊天的好场所。

日本投降后，很多在外国船上做工的村民也随船回到香港，他们把船员供餐的面包抽留部分烘干（面包头），大包大包地由小梅沙运回村里供家人食用，邻居也会得到分享。

约在1947—1948年中，小梅沙成了进口货物的小商港，大量的亚细亚火水、殿粉（染衣服的黑色粉料）及其他日用品，走私商人用香港船从大鹏湾对岸偷运到梅沙、溪涌一带海边，再经马峦村运到坪山、淡水、惠州等地。坪山人经常成群结队穿梭坪山—马峦—小梅沙三地来挑担。罗天育说：我外母是坪山大万村人，生前经常说，旧时去小梅沙“揹脚”（挑担）在马峦不知跌（掉）了多少脚毛啊！

在1950年封锁边防之前，香港与内地来往自由，港侨胞回乡方便，他们经常带回日常生活用品，有钱人家还可到小梅沙买点“船米”（泰国米）尝尝新哩……所以，马峦这个小山村比起内地那些山村好得多了。

■这里，也有燎原的星火

人们所熟知的1900年孙中山领导的反清武装起义，史称惠州起义，或称惠州三洲田起义（清时设惠州府、归善县，民国元年合并为惠阳县，起义时三洲田属惠州府），又称庚子起义（1900年是庚子年）。现在人们可以看到，在马峦村罗屋大围罗氏宗祠前竖立着“庚子首义旧址”的石碑，上书：“深圳市龙岗区文物保护单位”，落款为：“龙岗区人民政府二〇〇六年七月公布，龙岗区人民政府二〇〇八年三月立”。于是今人疑窦丛生。其实，学者早有定说。“郑士良把司令部设在三洲田廖氏宗祠，后因廖姓人家反对，而迁往马栏头罗生的大屋中。……十月八日（一说六日），起义军在三洲田、马栏头以‘众位兄弟，百打百胜，到来就位’的誓词祭旗起义。”（深圳市博物馆刘均雄：《孙中山与三洲田起义》，载1988年1月《宝安文史》）“起义前夕，原设定在三洲田廖氏祠堂祭旗，因廖姓一些耆老乡绅反对，遂转至邻村马栏头兴中会会员罗生大屋家中。”（冯自由：《革命逸史》第五集）坪山黄沙坑人唐梦尧在三洲田主持揭礼：“跟孙中山要跟到底！”宣布起义。众人高呼“剑起灭匈奴，同伸九世仇，汉人边处立，即日复神州”的反清口号。历时4个多月的策划组织、插旗招兵、军事训练的准备工作均在三洲田进行，故史称“三洲田起义”。而誓师起义地点还有马栏头，或为时人不知。今立碑见证，使这一革命壮举得以准确地表述——“庚子首义”。

在马峦村罗屋大围村头有一间“强华学校”，是否孙中山捐建？亦众说纷纭。我在所接触的早期资料中，多未提及孙中山捐建“强华学校”事，如：“辛亥革命后，孙中山派专员来到三洲田……并办起了三洲田学校。孙中山逝世后，孙科为三洲田学校亲笔提名为‘庚子革命首义中山纪念学校’。”（深圳市博物馆刘均雄：《孙中山与三洲田起义》，载1988年1月《宝安文史》）。新编《宝安县志》1985年成稿的“教育篇”记载：马峦的强华学校建于1914年，由孙中山手书校名。2011年8月16日《深圳特区报》则称：“辛亥革命成功后，孙中山在马栏头村开办并亲自题写校名‘强华学校’”，“1914年辛亥革命成功后，为感谢马峦人民在‘庚子起义’中所作的贡献，孙中山先生特意捐资兴建了‘强华学校’，并亲笔题写校名”。（2011年马峦社区：《马峦山简介》）而2015年2月11日《深圳晚报》记者在采访小时候曾在强华学校读书的罗天应老人后撰写的《“强华学校”亟待恢复》一文中则说：“辛亥革命成功后，孙中山先生在三洲田建立了一所学校，还为马栏头的一所小学题写校名‘强华学校’。”未提孙中山兴建“强华学校”。我与罗天应的哥哥——82岁的罗天育先生进行了交流。罗天育说，1914年他父亲18岁，是识字识墨的人，懂中医，他从未听父亲说过强华学校是孙中山所建，而听说过，学校初始只准罗姓人就读，后来才扩展到其他异姓村人子弟均可就读。最近，我与两位70岁的土生土长的马峦人同团旅游，聊及此事。张屋人说：强华学校是孙中山所建，孙中山还从马峦亲自带兵攻打惠州哩……罗屋人说：强华学校是罗屋港侨同胞集资建的。一些社会人士注意到，以前从未听说孙中山在马峦建学校，自从马峦“庚子首义旧址”被政府确认公布后，有关的传闻就多起来，见诸报端了。还有某两间旧屋是起义军的兵工厂等等的煞有其事哩。真是萝卜白菜番薯芋仔一锅煮，无疑给学者多了一道问答辨别题。但不管怎样，辛亥革命前的星星之火曾在马峦这个偏僻小山村点燃是不争的事实。

抗日战争、解放战争时期，马峦这个小山村都曾留下革命的火种。1938年10月12日、11月22日，日军先后在大亚湾、大鹏湾登陆；11月26日，深圳墟失守。12月2日，惠宝人民抗日游击总队成立。罗天育说：马峦是革命老区，曾生领导的部队曾在这里设过临时指挥部。

1941年12月8日，日军攻打香港，香港沦陷。罗天育老人回忆说：这期间，日本鬼子多次进犯马峦村进行抢、烧罪恶活动。罗伦雅、梅姐、罗文珍的祖屋，赖谭的高楼全被烧掉，家财连谷种也全被抢光。据说一名叫“来嫲”的妇女被强奸了，后改嫁他乡。村里人大多都逃难到英租界——小梅沙对面的荔枝窝、坪洲等地，少部分村民未逃难的也躲进深山老林处搭草棚避难。

罗老先生说：我的伯父罗玉凤，大名罗玉雅，花名昌记叔公，出于爱国爱乡，凛然在国外放船（离开船）回到家乡，与几个青年组织抗日自卫队。有一天，鬼子由小梅沙方向进犯马峦村，先占领张屋村后面的“打石岭”，先头部队已进入张屋村。有人来报：昌记叔公，鬼子已进村了，快逃跑吧。他一听火冒三丈，站起来大声说：老子猪肉还冇煲烂你就来啦。随手拿起一支单响步枪和几个队员登上“草磊岭”，向由张屋来犯的鬼子开枪射击，后在鬼子的机枪和榴弹炮的猛烈还击下，不得不向“凹背”方向撤退。事后村里人到处传颂着“昌记叔公敢打萝卜头”的佳话。

罗老说：游击队在马峦来无踪去无影。国民党军进村都在村屋外墙写上“消灭共匪”，不到半夜就给游击队涂掉写上“打倒国民党反动派”“捉拿日本汉奸”“共产党万岁”！

罗老说：我在强华学校读二年级时，有一天亲眼见到三个穿便衣的男子走进学校，要找曾校长，我们说校长在二楼房间里。不一会儿来人带着校长出来。我们问：校长去哪里？答：有事出去一下。来人带着校长向“鸡子窝”方向走去，不久听到几声枪响。后来才知道曾校长（曾繁勉，坪山三洋湖村人），是日本仔汉奸。来人是游击队员，把汉奸校长枪决了。村人知道后很高兴，拍手叫好，并说，唔怪得鬼子进村时咁熟悉（怪不得鬼子进村时这样熟悉），连一条小路通向哪里都清楚，这次总算捉了一条毒蛇呀！

罗老先生说：1948的那一年，国民党反动派作垂死挣扎，更加疯狂，常到马峦搜捕游击队员。一次进村时，发现一游击队“小鬼”，进行追捕，在千钧一发时，我的父亲罗伦雅把“小鬼”引进一条小巷逃跑了。而国民党军追捕不获，恼羞成怒，把全村青年全部抓到强华学校内用吊脚趾公、手趾公、灌水等残酷手段逼他们交出游击队员。罗伦雅自己掏钱将全部青年保释出来。父亲罗伦雅和曾生司令员是深交知己，常见他们在一起宵夜吃罐头。父亲曾在游击队设在“陈坑”的卫生站任过医生。新中国成立前在强华学校教过书，新中国成立后在坪山中学任职（学生叫他罗庶务），并兼当时的坪山卫生院义务医生。1954年去世，终年57岁（当时坪山中学全校师生为其送葬）。

还有一个特别感人的故事。罗老说，村里有一个人称智勇双全的优秀游击队员叫罗忠，小名罗添喜。据传，他胆识过人，枪法如神，连发数枪同中一洞。当鬼子要在村里建立“保甲制”时，罗忠就策划物色岭背村的罗良出任白皮红心的“保甲长”，及时掌握敌伪活动情况，暗中向我方提供情报。其胞兄罗芪勋是国民党营长，罗忠赤手空拳直闯国民党军营与胞兄相见，进行统战工作，促使其胞兄带枪投到游击队。为了补充部队的经费，小梅沙成了临时小商港，大量进口亚细亚火水等物品时，游击队在那里设了税站，罗忠单枪匹马向货主“抽咸水”（收税）。一次，他带着税款由坪山去龙岗交给上级部队，半路遭国民党军拦截、追捕。追到一条小河时，与国民党军枪战光荣牺牲。年仅28岁。其儿子罗雄亮是新中国成立后马峦村第一个大学生。（据《宝安县志》记载：罗忠，男，1920

年出生，坪山马峦村人。1942年参加广东人民抗日游击总队，1948年在龙岗鸡仔寮战斗中牺牲。牺牲时为惠东宝人民护乡团二团连长。时年28岁。资料来源：原宝安县民政局）

■小山村也有自己的传统习俗

罗天育先生说：马峦村人首先打破农村男耕女织的传统习俗，首创男外女耕的新模式。男的都到香港或国外去打工谋生，有时放假回乡，也只是上山打猎或到海边钓鱼。而女的是耕田种地的主力军，犁田、耙田技能高超，插秧如同蜻蜓点水……

劳动妇女都是头戴“帕仔”，身系围裙。“帕仔”、围裙两边有带子，带子颜色有讲究，已婚妇女用红带子，未婚妇女用白带子，中老年妇女则用其他颜色，如青色或黑色。农闲时妇女们经常聚在一起打“六府”（纸牌仔），有时挑柴挑菜到海边与渔民兑鱼。初一、十五海水退潮时，到海边钩海胆，摸海螺，铲蚝仔等，亲人船回到香港可到港一游，会见亲人。女子出嫁前一个月不出门，关在屋房内，邻近的未婚女子都来“陪姊妹”，唱姊妹歌，陪足一个月，唱够一个月。出嫁女唱哭嫁歌，很有趣，一坐上花轿用很毒辣的歌词骂轿夫：“脚踢棺材头，轿夫跌烂膝头皮”……快到夫家时，改唱好听的歌：“慢慢行，快快到……”有的在出嫁前的两三夜，就要开始哭唱。有的女子出嫁时，亲弟堂弟要送轿，送一段路后，轿夫把轿停下，出嫁女对着弟弟哭唱几条吉祥的歌。姊妹歌和哭嫁歌有一本歌书，可惜已失传。每年的八月十五晚上，有的妇女喜欢对着月光“伏五指”（伏在桌子上很久不抬头）。

青少年一族更活跃。吃过早饭，到山上放牛，骑在牛背上唱山歌：阿哥（阿妹）歌书一箩箩，一直唱到“打蛇窝”。跳下牛背去装鹧鸪，爬上树顶取雀窝。斗蟋蟀，斗断脚。窑番薯，走窑鬼，大阿哥捉弄细老哥：要走到木炭沉水底，石仔浮水面，才可到回来，等到回来后，番薯给大阿哥吃完了！晚上照蛤蟆，颠滑哥（钓塘虱鱼），捅蜂窝……八月初一见有人去拜山，快快去打饼仔，摘稔仔。八月十五扎花灯，放孔明灯，玩桌神，卜蟾蜍仔——围着罗屋朝东水芋田转来转去转得迷迷蒙蒙。新年到，看舞狮，放鞭炮，洗完石姜符大吉水，穿新衣，戴新帽，等着长辈派利是。

罗天育回忆，马峦山野生动物繁多，主要有黄猄、山猪、果狸、穿山甲、箭猪等十多种。打猎也讲布局，猎狗进山一见猎物，如果往上追，多是黄猄，因黄猄前脚短，后脚长，必向山顶跑。如果是山猪，必由半山腰跑。马峦人打猎有很文明的猎规——见人见份，打到大的猎物如山猪、黄猄，大家有得分，有得吃。

■皆大欢喜

我曾三上马峦。第一次是1971年，是跟同村一位在马峦小学教书的老师一起上的。为了省时，抄的是更加崎岖陡峭的山路。翻了几座山，最后一座叫“矿山”，下了“矿山”渡过一条石河，沿着石河走了一段盘山小路，开始攀登“伯公坳”。“伯公坳”旁边有一股水流飞奔而下，发出轰鸣，不时冒出白烟，不知是否是现在所说的“马峦瀑布”？上了“伯公坳”就豁然开朗了。在马峦小学住了一晚，吃了一顿狗肉。那时候根本不会注意什么青山绿水，因为对于山早已熟视无睹，不识马峦真面目，只缘身在此山中。也没有注意到马峦小学就是由“强华学校”改称。

第二次上马峦是1990年。1989年末，宝安县召开群英会，坪山镇经济发展排榜全县倒数第二。1990年春节刚过，坪山在镇府小礼堂召开干部大会，部分曾在坪山工作过的外出干部也邀请与会。会上镇领导侃侃发惊雷，立下“拼搏、爬坡、闯关”六字诀。会后，领着大队人马驱车上马峦参观新植的梅树——千亩梅园（1990年1月，坪山圩镇至马峦村的水泥公路通车，全长9公里，三分之二是山路，全县181个行政村实现村村都通水泥路）。参观马峦梅园后，我有诗留下：“山窝凹凸几方圆，树树新梅现眼前。不见花香徒傲骨，春晖回报待来年。”其间，一阵热乎，据说还有餐馆、山庄哩。几欲上而未遂。后来，又听说梅花不活了。

第三次上马峦是2013年2月。罗天育的外甥赖安仔，时不时从市里回马峦老屋暖暖火灶，种点小菜。那日，他约了坪山中学“文革”前“老三届”一帮同学到他老家聚会，我以老者身份被“特邀”。徜徉了小半圈，在四面环山的小盆地中间，是一片青绿的菜地，罗屋大围保留基本完好，新修的×姓祠堂粉白的墙壁，“罗氏宗祠”“强华学校”“庚子首义旧址”字样清晰可见，山边有一处养蜜场密密麻麻的，不时有蜜蜂进出……安仔招待我们的酒是正宗“土炮”。我又有诗留下：“廿年回探马峦山，土鸭相迎野菜鲜。首义宗祠炫耀眼，梅花零亩了无妍。”

就在聚会的当日，赖安仔送我一本《待嫁村姑：马峦流韵》的小书。阅后又领略了好多马峦的旧话新说。2011年10月，一群原宝安县老文化人到马峦山登高游览。他们为深圳还有这么一方净土，一份原生态自然山水风光而感到欣慰，赞不绝口，宛如待嫁的村姑。不久，老文化人游马峦山的诗歌、散文、歌曲、摄影汇编成册，取名《待嫁村姑》。马峦社区在《马峦山简介》中写道：马峦山于2001年已被国家征收，目前原居民已全部移居，山上仅有7户外来居民，共23人。老文化人说，据透露，某大公司花巨资收购马峦山2000多亩山地，投入900万元征收马峦几个小村的全部老屋，计划建高尔夫球场，那些悠久的历史文物“险过剃头”，幸亏此项目不久流产易主。罗天育先生在《揭秘》中披露：“（报纸报道）2000年由三九集团出资4.7亿人民币，征购马峦山作发展郊野公园，后因财务问题，使项目无法进行，于2007年转为华润集团旗下，至今尚未开发。”

“马峦社区亦用此款（部分）在大山陂水库旁边购置了四万平方米土地，以作马峦社区（原马峦村、嶂顶村、红花岭村、径子村）征地搬迁重建马峦新村。对此，村民很高兴，纷纷签订征地征祖屋合同。但不知何故，事隔15年仍未能实现，村民有苦难言，只好望梅止渴。”罗老先生写了《思乡》一诗：“冬寒逼使雁南飞，去时承诺春暖回。十五春秋无音讯，望穿秋水何时归。年少离家白头回，植根世居不能归。千秋祖业被征去，何时盼得草堂回。”

据了解，经多方努力，新村兴建终于有着落，不久前，数幢34层大厦凌空矗立，名曰“天峦湖”。村民们喜出望外，搬迁的日子有望了。

马峦人喜新居，老屋又保住，青山绿水原生态，皆大欢喜！古朴，新潮，祝愿马峦文化永恒！

原载《宝安史志》2015第三期，作者曾观来

附记：据马峦村人口述，马峦山郊野公园近年又栽种了上10万株梅树，有望明年满山梅花盛开。——2021年2月题记

过度保护使大万世居沦为孤岛？

历史文物保护单位，历史就是它的荣光，但保护也是它的紧箍咒。文物似乎就注定了它应该处于城市的发展真空中，被罩着，不被破坏，但也被隔离。深圳城市中的历史文物保护单位，要不如大鹏所城一样，远离尘嚣，自如桃花源，而更多的可能是处于城市中心的各个角落，如南头古城，虽有保护规划，但难免成为孤岛，甚至，有些可能还尚在等待拆或不拆的命运“宣旨”之中……

历史文物保护单位在城市规划中的命运究竟何去何从？这个问题，似乎对于快节奏的新城市深圳而言，小众而边缘，但恰恰又是能够存留城市记忆的关键。事实上，不仅是保留与否的问题，而在于如何鲜活地保留的问题。历史文物保护单位如何跟周边地区进行对话与交流，如何避免茕茕孑立，如何避免只保护了其外在形制，却断了内在的文脉？日前，在深圳市城市设计促进中心举行的“酷茶会”活动中，一场以坪山大万世居为实例的主题讨论将城市文物保护单位周边地区的城市设计与发展提到台面上。

■大万世居与周边城市缺乏呼应，文物展示价值未充分体现

深圳市城市设计促进中心项目组曾经对位于坪山中心区南部的大万世居进行过现状

调研。“大万世居位于坪山中心区南部，是全国最大的客家围落之一。周边的大万村大概有1500多人，现在有三分之一是外来人口，其他基本是从大万世居老房子迁过来的。”城市设计促进中心大万世居项目组成员蒋杰在“酷茶会”上介绍。

事实上，作为历史文化保护主体的大万世居目前作为博物馆来供游人免费参观。“就目前来讲游人数量不多，当地居民每逢初一、十五有祭祖活动，内部保存得比较完整，保留了以前的建筑风貌。”蒋杰说。

蒋杰根据调研的结果得到自己的结论。他认为：“第一，滨水空间未能有效利用，河流水质不佳，沿河两岸缺乏参与性，没有清水处理。第二，大万世居自身作为一个文物保护单位，文物的展示价值没有得到充分的体现。第三，与周边城市没有相互呼应的关系，大万世居作为典型客家围屋建筑形式特点，与周边的城中村完全分离，一是无序的城中村，一是有序的客家围的建筑形态。第四，建筑肌理与周边不匹配。”

不过，规划国土委坪山分局建筑设计科科员刘迪珊在提出自己的设计愿景时却提到，目前虽然周边的村民自发建筑比较乱，但密度和肌理都还是比较符合保护大万世居的初衷，密度和容积率虽是无序建设，但总体上还是适合的，所以并不希望进行大规模的更新改造。

■文物保护规定是一道紧箍咒，它让文物被保护，也被孤立?

事实上，不管是迫于社会舆论的压力，抑或是主动地为城市存留历史的记忆，这些历史文物大部分被存留了下来。少规划、不规划成为最普遍的方法，保护理所当然地等于修整和修固。

“文物保护四个原则：有效保护、最小干预、合理利用和社区融合。所谓文物保护的最小干预原则是我们在对它的信息进行保护之前，注重减少对这个文物保护的干预，不要随意增加新材料和信息，以免影响历史上的遗存。文物保护讲究一个可留性，所有历史保留下来的，都会记录历史的信息，有一些东西我们现在还不懂，但我们要保护起来，将来通过分析就能了解它可能存储了很多历史的信息。”中国城市规划设计研究院深圳分院规划设计二所工程师郭旭东说，“对文物来讲，最少的规划是最好的规划。”

但深圳大学建筑与城市规划学院副教授钟中却对这个观点表示质疑。在他看来，为什么这么多孤岛出现？就是因为全是按照目前的文物保护法规定的规划。“文物保护的规定使它周围有一道紧箍咒，孙悟空画了个圈，这个圈是任何妖怪都进不去的，唐僧也出不来。虽说少规划肯定好，但完全不去做，比如说不能改变它的属性、不能改变它的一些要求、某些方面不能进入治疗，它的围墙始终这么封闭，肯定是个孤岛。”钟中说，“这个围屋无论从形式上还是空间上，包括从道路、空间、尺度等方面跟周边的社区要融在一起，这样生活才能进入文物建筑，文物的气息才能带出来。”

■城中村也可称为缓冲带，或可避免大万世居沦为孤岛

历史文物保护单位自然是不需要像周围的城中村一样为了生计拼命挣扎，因为有很高的维护费用让它们可以“孤傲”得起来。但如果这种孤傲的价值却仅仅存留于保护上，它们面对着这千变万化的活力都市，难免是会有些孤单的。

深圳市局内设计咨询有限公司建筑师张之杨在看完大万世居之后，就在自己的微信朋友圈中感叹：“其中空间的序列、尺度与质感有一种无以言表的震撼。中轴线上丰富而有仪式感的空间序列有点像迷你的故宫，某个拐角有威尼斯小镇街角的质感，其中的街巷则是皖南民居的光影与尺度，而破败的残岩会让你联想到罗马与希腊古城中比比皆是的废墟……它完全模糊了建筑与城市、室内与室外的边界。”

在他看来，大万世居旁边的城中村，虽然建筑形式与色彩未必符合艺术家的美学标准，却真实而朴素地反映了城市在其自身新陈代谢过程中形成

的面貌，它们的尺度与古老的客家围屋存在着一种朴素的传承与默契，是难以切断的血缘关系。这些实用而又坚固的城中村建筑群，包裹着围屋，实际上形成了一个吸纳城市生活、抵御外围疯狂的高密度城市侵犯的缓冲带。

张之杨所提到的这个缓冲带或正是避免大万世居沦为孤岛宿命的一种方法。“大万世居作为古迹，必须给它粗糙的外壳来保护内在，这有点像皮蛋效应。我认为，这里可以有三层空间。一是大万世居的纯历史空间，很小，尺度很舒服，可以小心翼翼地进行修缮再利用，做民宿甚至做非常高端的club（俱乐部），利用历史的材料再度彰显它的魅力空间。第二空间是在大万世居与城中村之间的空间，这里有一点绿色，可以形成城市天生的广场。这两个界面很有意思，是三百年外墙和三十年外墙的对话，只需要做的就是填充一些广场活动。第三种空间就是城中村的内部，在这里进行人群的置换，三十年的城中村可以变成SOHO，变成大芬村，也可以变成酒吧街，究竟变成什么留给这个城市去回答。这样，这里就像年轮一样，越往外面越年轻。城市生活是一种不做作的持续。”

2013年5月11日《南方都市报》采写，南都记者黄璐

大万世居有救了

修缮经费久未落实，大万世居坍塌加剧，此事经南都报道后引起社会关注。近日，深圳市文体旅游局回应称，今年2月已将大万世居保护工程纳入市政府2013年投资计划，深圳将投2450万元对大万世居进行整体保护，即将进行施工和监理单位招投标，年内有望正式开工。

据介绍，大万世居整体保护工程总投资2450万元，包括围屋内建筑本体维修、局部复原和环境整治，以及市政配套。大万世居整体保护工程立项后，市、区文物部门严格按照文物保护工程和政府投资项目方面的相关规定，着手开展相关工作。2011年年中完成设计单位招投标工作，当年年底设计单位基本完成现场勘查、技术方案设计以及编制项目概算。2012年2月至2013年6月间，经过市文体旅游局和省文物局专家对方案四次论证，维修设计方案终获通过，项目概算获批。2013年2月，市发改委下达了大万世居保护工程投资计划，纳入市政府2013年投资计划。目前施工和监理单位的招投标文件编制工作已接近尾声，即将进行施工和监理单位招投标。

市文体旅游局表示，按照《文物保护法》相关规定，非国有不可移动文物的所有权人是其保护责任主体，各责任主体有义务做好对文物的日常维护、管理和安全防范等工作。大万世居属非国有不可移动文物，其所有人即曾氏后人有义务担负起其日常的维护保养工作，市、区文物部门也将积极指导和监督其所有人做好日常维护保养工作。市、区文物部门目前正组织对全市各处不可移动文物责任主体进行梳理汇总，下一步将集中对社会进行公示，以督促和监督各责任主体切实履行好文物保护义务。

■坪山新区计划打造大万民俗公园

南都记者还从坪山新区了解到，计划打造新区民俗主题公园“大万客家文化民俗主题公园”，以大万世居为中心，以“客家文化”为主题并结合历史典故，形式上以“世居建筑”为主，构建开放、丰富的“大万客家文化民俗主题公园”。

该园主体以历史文化街区为结构，一轴串两环，大万世居为主轴，串联客家商业小镇环、滨水休憩环，世居与古镇商业区融为一体。以大万世居游览为核心，在世居东、北侧增设两个门，打破世居隔离感，与周边商业街区、景区融为一体。大万世居东西轴线片区串联广场、月池水景、世居主体、东广场、风水林滨水公园，强化大万世居的风水格局；在北侧靠近河岸，设置现代风格的主题购物广场；在中北部，设置古镇商业街；在东侧临近大山陂河区，建立酒店片区，与其他已发展地区形成整合发展之势，扩大城市副中心效应，与坪山新区中心形成双核效应。并结合该地区的旧村改造工程，彰显历史文化特色，将文化价值转化为经济引擎；完善城市功能，提升城市形象，创造城市重要的新亮点；满足多样化需求，整合功能，打造复合型的大万街区，形成新的发展中心。坪山新区下一步将对以上构想进一步进行论证，并征求各方面意见，以更好地利用好大万世居。

2013年7月18日《南方都市报》采写，南都记者曾海城

大萬世居

我们深圳

首部深圳人文大型文库

MEMORIES OF THE CHUNG YING STREET
中英街往事
特区中的"特区"
中英街的百年蜕变
一国两制窗口，百年历史见证

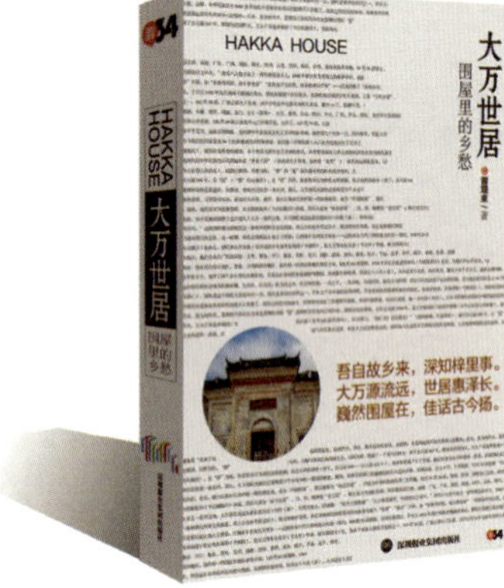

HAKKA HOUSE
大万世居
围屋里的乡愁
吾自故乡来，深知梓里事。
大万源流远，世居惠泽长。
巍然围屋在，佳话古今扬。

SING WITH SHENZHEN
歌声起处
陈汝佳 黄格选 陈明
周峰 戴军 周笔畅
凤凰传奇 姚贝娜 陈楚生

LIFE OF WORDS
杨争光
文字岁月
2015年深圳读书月年度作家

THE OLD STREET
她的老街
1979~1983
"故园家园"
深圳本土作家张黎明

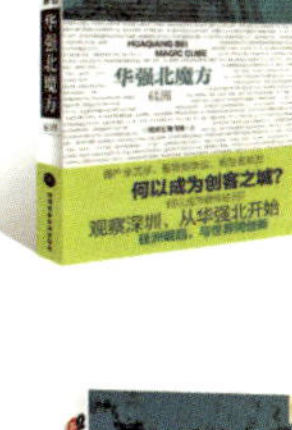

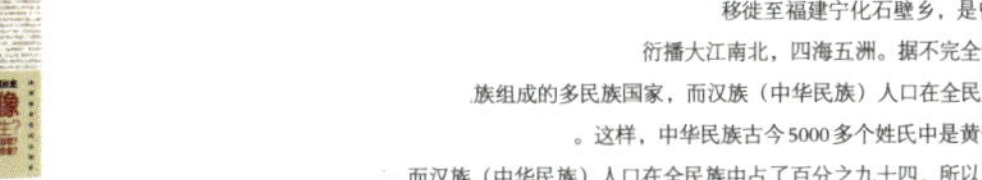

ⅰ，王莽篡政。72代15派曾据"不忍国耻，不仕新莽"，于公元10年率领族人千余人从山东武城南下渡江至江西庐陵（今吉安）吉阳乡开基立业。公元15年，据公联络诸侯，讨莽复汉有功，被加封关内侯。此后

安云盖乡，其后人成为福建"宁化房系"；曾略，唐代官至节度使等职，从吉阳徙抚州（今江西临川）西城。其后人成为"南丰房系"。珪、旧、略世称"老三房"；略公是大万曾氏先祖，其后裔衍居江西、

方经十四代（派），历代有能人。旧谱载："南丰之曾称盛""人才出类拔萃，可谓如日之中天。"唐宋八大散文家之一曾巩便是南丰人。2002年被公布为省级文物保护单位、遐迩闻名的客家围屋深圳市坪山大万世

启千秋"……活灵活现了"东鲁传经，南丰修史"这一文脉。北宋末，南宋初，元兵入侵频仍，宋高宗南渡，客家人不得已进行第三次迁徙。这一时期，曾氏迁移的起止地点主要是

、曾氏粤东开基祖）母从福建宁化徙粤东海阳（今潮阳），旋又迁粤东长乐县（今五华）华城，继又移居兴宁县，为南下客家人曾族开基祖之一。112代55派，广新

英德、大埔、博罗、增城、龙门、宝安中国之姓氏，始自五千多年前乃至远古的原始社会母系氏族时期。先有姓，后有氏；姓为氏之本，氏自姓而

千多年前的部落时代，许许多多的部落都有各自的姓氏，如炎帝姓姜，黄帝姓姬（号轩辕氏）。随着社会历史的嬗变

炎帝先于黄帝，故世称"炎黄"）。姓氏的起源很复杂，以朝代名、国名、地名定姓的多见。如夏朝

567年，鄫国为莒国所灭，王太子巫逃奔鲁国（今山东曲阜），为鲁国大夫，后定居武城（在今山东嘉祥县

族人的迁徙又有其特定的历史环境、人文地理环境和迁徙途径。如果说，曾族的迁徙是一条长河

衍播发展，成为"庐陵旺族"，据公被称为"南迁始祖"，庐陵为中华民族曾氏第二发祥地。传至91代

台湾、香港及海外各地。95代38派游立、洪立、宏立三兄弟，从抚州

绍宗风。"这副对联揭示的便是这一脉相承的历史文化底蕴。洪立公在南

，官封宋鲁国公，于公元1112年由江西南丰翻越武

从佑孙到广新到良甫，又跨越了多少个地域和时空，其裔孙

所区别。当今我们的国家是由56个民族组成的多民族

多，由炎帝姜姓派生出来的姓氏亦不在少数。这

纪念夏朝而用原"夏"的朝代名作为自己新的姓。曾姓

年，去"邑"（"鄫"的右偏旁），定"曾"为姓，

代起就陆续有人迁出武城。至西汉末，公元8

"；曾旧，唐代进士，累官，由吉阳移居乐

曾氏人文又一发祥之地。大万曾氏南迁先祖在此后

样，如"东鲁传经府，南丰修史家""东

福建之始祖。111代54派广新，南宋

、梅县、蕉岭、龙川、揭西、澄海、惠阳、

民族就是指代中国。中华民族古今姓氏有5000多

争夺，结果黄帝打败了其他所有部落，炎帝

西北）。曲烈立鄫国，以鄫为姓。"鄫"和"夏"及

发扬了孔子学说，被后世尊为宗圣和曾

从山东武城南下渡江至江西庐陵（今吉安）吉

临川）西城。其后人成为"南丰房

。"唐宋八大散文家之一曾巩便是南丰人

，元兵入侵频仍，宋高宗南渡

潮阳），旋又迁粤东长乐县（今五华）

龙门、宝安中国之姓氏，始自五千多年前乃至

前的部落时代，许许多多的部落都有

子孙"（因炎帝先于黄帝，故世称"炎

年，鄫国为莒国所灭，王太子

则有五次。曾氏族人的迁徙又有其特

西庐陵一带衍播发展，成为"庐陵旺族"

东、广西、湖南、湖北、四川、云南、贵州、

刻着一副楹联："一部孝经贻世业，八家文

粤东……这跟南宋几代王朝南逃方向

由兴宁县五华七都斗米岭九龙岗，繁育16子

分枝。自西汉始，姓氏合为同用，但在

派生出许多新的姓氏，其中黄帝姬姓与其元妃

帝元妃嫘姓；后来，夏为商所灭，

曰："国亡矣！邑宜除去！"（邑指都城，代表

先祖的迁徙则是万千分支中的一根涓涓

曾旧、曾略为三兄弟。曾珪居庐陵吉阳，后

称"南丰三祖"，其中洪立公是大万曾氏先祖。

任过县令、做过修史官等职。南迁客族曾氏围屋及祠堂

移徙至福建宁化石壁乡，是曾氏南迁福建宁化

衍播大江南北，四海五洲。据不完全统计，他们分布在

族组成的多民族国家，而汉族（中华民族）人口在全民族中占了百分之九

。这样，中华民族古今5000多个姓氏中是黄帝炎帝后代的就不

，而汉族（中华民族）人口在全民族中占了百分之九十四，所以，通常中华民族就

少数。这样，中华民族古今5000多个姓氏中是黄帝炎帝后代的就不计其数了。部落之间的互相争

而用原"夏"的朝代名作为自己新的姓。曾姓亦出自姒姓。至约公元前2000年，夏王少康封次子曲烈于鄫地（在今山东苍山县西北

（"鄫"的右偏旁），定"曾"为姓，族史称巫公为曾氏定姓始祖。巫公五世孙曾参（曾子，公元前505——公元前435年

曾子的第三代起就陆续有人迁出武城。至西汉末，公元8年，王莽篡政。72代15派曾据"不忍国耻，不仕新莽"，于公元10年率领族人千余人

，后徙居永丰县，为"永丰房系"；曾旧，唐代进士，累官，由吉阳移居乐安云盖乡，其后人成为福建"宁化房系"；曾略，唐代官至节度使等职，从吉阳徙

称"南丰三祖"，其中洪立公是大万曾氏先祖。南丰是继武城曾子之后曾氏人文又一发祥之地。大万曾氏南迁先祖在此后经十四代（派），历代有能人。旧谱载："南丰之曾称盛""人才出类拔萃，可谓

任过县令、做过修史官等职。南迁客族曾氏围屋及祠堂对联多有嵌入"东鲁""南丰"字样，如"东鲁传经府，南丰修史家""东鲁家声光百代，南丰世泽启千秋"……活灵活现了"东鲁传经，南丰修史"这一

，移徙至福建宁化石壁乡，是曾氏南迁福建宁化开基祖，又称"宁化房系"，亦为大万曾氏福建之始祖。111代54派广新，南宋进士，官封光禄大夫。宋末随父（佑孙公，曾氏粤东开基祖）母从福建宁化徙粤

大江南北，四海五洲。据不完全统计，他们分布在广东的河源、五华、紫金、兴宁、梅县、蕉岭、龙川、揭西、澄海、惠阳、惠东、陆丰、平远、连平、和平、曲江、南雄、乳源、翁源、英德、大埔、博罗、增

而汉族（中华民族）人口在全民族中占了百分之九十四，所以，通常中华民族就是指代中国。中华民族古今姓氏有5000多个（其中有许多已经消亡），曾姓是这个姓氏大家庭中的一员。曾氏是黄帝的后代之一。

民族古今5000多个姓氏中是黄帝炎帝后代的就不计其数了。部落之间的互相争夺，结果黄帝打败了其他所有部落，炎帝归服黄帝，结成大联盟，统一了中原（中国）。后来不同祖先姓氏的中华民族的后代都通

总策划/出版人：
胡洪侠
责任编辑：
孔令军　林洁楠
特约编辑：
岳鸿雁
技术编辑：
杨杰　何杏蔚
装帧设计：
李斌

图书在版编目（CIP）数据

大万世居：围屋里的乡愁 / 曾观来著. -- 深圳：深圳报业集团出版社，2021.7
ISBN 978-7-80709-963-5

Ⅰ. ①大… Ⅱ. ①曾… Ⅲ. ①客家–民居–介绍–深圳 Ⅳ. ①TU241.5

中国版本图书馆CIP数据核字(2021)第124303号

《我们深圳》文丛
深圳市坪山区宣传文化体育事业发展专项资金资助项目

大万世居：围屋里的乡愁
Dawan Shiju Weiwu li de Xiangchou
曾观来/著

深圳报业集团出版社出版发行
（深圳市福田区商报路2号　518034）
深圳报业集团宝安印务有限公司印制
新华书店经销

开本：889mm×1230mm 1/32
字数：180千字
版次：2021年7月第1版　2021年7月第1次印刷
印张：6.5
ISBN 978-7-80709-963-5
定价：50.00元